열두 달 세시풍속과
절기 음식

열두 달 세시풍속과 절기 음식

초판 1쇄 인쇄 2022년 4월 15일
초판 1쇄 발행 2022년 4월 20일

지은이 김정숙
펴낸이 양동현
펴낸곳 아카데미북
　　　　출판등록 제13-493호
　　　　주소 02832, 서울 성북구 동소문로13가길 27
　　　　전화 02) 927-2345　팩스 02) 927-3199

ISBN 978-89-5681-202-1 / 13380

www.iacademybook.com

시인이 들려주는 우리나라의 절기 문화와 시식(時食)

열두 달 세시풍속과
절기 음식

아카데미북

머리말

　　해가 바뀔 무렵, 묵은 달력을 떼어 내고 새 달력을 걸 때면 으레 한 장씩 넘기면서 한 해를 훑어보게 된다. 생일, 결혼기념일, 부모님 기일 등을 살피고 설날과 추석을 확인한 뒤에 대보름·입춘·한식 등 한 해의 절기를 들여다본다. 또한 새로운 해가 시작되고 계절이 바뀔 때면 절기에 맞추어 장성한 자식들에게 잔소리를 하게 된다. 봄을 타는 자식에겐 "쑥이랑 보리싹 나왔더라. 봄나물로 입맛 좀 깨워 보려무나", 삼복에는 "건강식 좀 챙겨 먹어라", 동지에는 "동지 죽은 먹었니?" 등등.

　　지금은 농경사회도 아닌데 절기가 뭐 그리 중요하냐고 물을 수도 있다. 더구나 요즈음은 기후 변화로 절기가 맞아들지 않는다고 한다. 하지만 그럴수록 지표가 되는 절기가 더욱 필요하다. 우리 조상들은 농사의 순환으로 상징되는 자연의 질서를 지켜야만 한다고 믿었다. 씨를 뿌리고 수확하는 일은 천상과 지상 세계의 관계를 부활시키는 것이라 믿었던 것이다.

세시풍속은 인간이 일 년간 치러야 하는 행사를 중심으로 형성된 풍속으로, 해마다 되풀이되는 축제이기도 했다. 그중에서도 음식은 세시풍속의 핵심 역할을 한다. 우리 선조들은 제철에 나는 재료로 음식을 만들어 계절의 정취를 느끼고 맛보는 독특한 행사로 지켜 왔다.

물론 누구에게나 세시풍속이 똑같이 적용되는 것은 아니다. 신분과 경제적 여건 또는 산촌이나 어촌 등 생활환경에 따라 풍습이 다르기도 했다. 하지만 농경문화의 한 전형으로서 오랜 세월을 거치면서 역사성을 지니게 되었고, 조선 후기에 정착되었다. 아쉽게도 산업사회를 거쳐 현대에는 거의 사라지고 있지만 말이다.

세시 음식에는 조상들의 삶의 흔적이 고스란히 배어 있다. 예스러운 맛을 지닌 음식 하나하나마다 어려운 시절을 견디어 낸 조상들의 애환과 따스한 정감이 담겨 있다. 설날 아침이면 온 가족이 모여 앉아 떡국 한 그릇으로 정을 나누는 풍경이 펼쳐진다. 정월대보름 오곡밥, 추석 송편, 동지 팥죽을 먹는 행위는 우리가 한민족임을 확인하게 한다. 배고픔을 달래고 허기진 영혼까지 채워 주는 음식은 어쩌다 고급스런 음식점에서 먹는 값비싼 음식이 아니라 평소 함께하는 사람들과 나누는 일상의 음식이 아닐까.

　　인간은 상호관계라는 그물로 엮인 삶을 산다. 또한 '공식(共食)을 하는 사회적 동물'로, 음식을 같이 먹는 사람들과의 관계를 돈독히 한다. '삶이란 그 무엇인가, 그 누군가에게 사랑과 정성을 쏟는 일'이라 한다. 음식을 만드는 것은 재료를 준비하고, 요리하고, 나누는 것. 모든 과정 하나하나가 노력과 정성이 요구되는 수고로운 과정의 노동이다.

　'가족'은 세상에서 가장 따뜻한 이름이며, 음식은 소중한 사람에게 건네는 정성이고 사랑이다. 가족과 함께 먹었던 음식은 세월이 흘러도 결코 잊히지 않는 맛으로 각인된다. 계절의 소박한 정감이 담겨 있던 그 음식은 때론 눈물로, 때론 그리움으로 삶의 상처를 위로한다. 음식은 단지 배고픔을 해결하기 위한 것이 아닌 삶의 허기를 채우는 사랑의 양식인 까닭이다.

　　오래 이어져 온 맛에는 위안을 느끼게 하는 따스함이 배어 있다. 사람은 먹는 데 관해서는 놀랄 만큼 섬세하기에 음식의 '좋은' 맛이 정착된다고 한다. '먹는다는 것' 즉 시간이 지나면서 잊히고 사라지는 일상적이고 사소한 것에 사람의 향기와 세월의 흔적이 쌓여 문화가 되고 역사가 된다. 문화를 아는 것은 침묵하고 있던 것들이 내게 말을 걸어오는 것이요, 다시 일어설 힘을 주는 위로이기도 하다.

전통이란 눈에 보이는 것으로 존재하는 것이 아니라 '틀을 지탱하는 정신'이라고 한다. 조상과 후손의 공동체가 공유하는 문화적 기억으로, 변화하되 근본은 잃지 않는' 법고창신(法古創新)의 정신과 함께한다는 것이다. 문화의 큰 지혜를 받아들이고 장악하는 자가 사람의 마음을 움직이고 미래로의 새 역사를 창조한다. 전통 없는 문화는 격이 없어 존중 받지 못하고, 역사를 모르는 민족은 미래가 없다. 같은 혈통, 동일한 유전자를 중시하는 '동기감응론'의 차원에서가 아니라, 나의 생명은 조상들과 끈끈한 연대를 이루고 있음을 말하려는 것이다.

바쁜 현대생활에서 세시풍속은 『농가월령가』 속의 잊힌 풍속도가 되었다. 그러나 시식(時食)과 절식(節食) 문화는 선조들의 삶의 뿌리와 생활상을 알 수 있는 소중한 유산이다. 그것을 기억하고 재현해 보는 것은 우리 민족의 정체성과 자존심을 일깨우고, 고유의 창조성과 근면성을 확인하는 일이다. 또한 존재 자체만으로도 힘이 되는 가족이 함께하는 명절은 함께 먹고, 나누고, 즐기며 조상과 가족의 연대를 확인하는 기회이다. 이것이 바로 우리가 전통과 문화를 잊지 말아야 할 이유이다.

2022년 봄
김정숙

목 차

절기와 시식

절기(節氣)와 시식(時食)

인간이 자연 속에 있을 때 가장 행복하고 편안한 안식을
느끼는 이유는 식물들의 영적인 생명의 진동을 인간이 본능적으로
느끼기 때문이라고 한다. 식물은 생명의 비밀을 풀 수 있는 열쇠이
며, '자연을 사랑하지 않는 자는 자연의 보고(寶庫)를 발견할 수 없
다.'라고 하지 않는가.

선인(先人)들은 봄이 오면 여름도 오고, 여름이 가면 가을이 오
고, 가을이 가면 겨울이 온다는 것을 알았을 때 철이 들었다고 한
다. 씨를 뿌려야 꽃이 피고 열매를 맺게 되는 자연의 법칙을 이해
했을 때, 아름다운 삶 또한 아픔과 행복한 시간이 흐른 뒤에야 온
다는 것을 알았을 때에야 철이 들었냐고 했다.

지구상의 모든 생물은 계절의 변화에 따라서 생명의 리듬이 변
한다. 동물의 생명과 건강을 좌우하는 생체리듬, 생리현상, 번식기

관의 반응 등이 계절과 철저하게 상생 작용을 하고 있다. 동식물은 계절에 따라서 일정한 생명 활동의 사이클이 있다. 주기에 따라 성장, 수확, 저장의 생장수장(生長收藏)의 근본적인 원리로 연결된다.

봄에는 생명의 상징인 씨앗이 발아하고 새순이 자란다. 여름의 불 같은 무더위는 때로 생명을 태워 버리기도 하지만 만물을 성장시키는 힘이다. 가을은 결실의 계절로 들어서고, 겨울은 모든 것을 갈무리하여 저장해 두는 계절이다.

우리나라 자연환경의 특성

우리나라는 지리적, 기후적 특성에 따라 다양한 식재료를 구할 수 있는 최상의 환경을 갖추고 있다. 산이 깊어 산야초와 나물이 풍부하고, 삼면이 바다라서 해산물 또한 다양하다. 또한 산과 들, 강, 바다가 조화를 이루어 철따라 나는 식품이 다양하다는 것은 큰 축복이다. 우리나라의 식재료는 중국이나 일본에 비해 맛이 진하고 감칠맛이 더하다고 한다.

문화란 자연에 대한 인간 의지의 대립으로 발생하는 것이다. 그러므로 문화는 자연환경에 제약 받고, 자연환경은 각 지역과 민족 문화의 특성을 규정짓는다. 미국의 문화인류학자 에드워드 홀은 "한민족은 세상에서 가장 빠른 조기(早起) 민족"이라고 했다. 우리나라는 아열대 작물인 쌀농사가 가능한 가장 북방한계선이라고 한다. 벼는 기온이 13℃ 이상 되어야 자라는 열대작물이다. 열악한 기후 조건을 극복하며 쌀농사를 짓다 보니 더운 여름날에 일이 집중된다. 그 많은 일을 새벽에 하다 보니 일찍 일어나는 것이 우리 민족의 생활리듬으로 체질화되었다. 벼농사를 지을 수밖에 없는 이유는 수확률이 단위 면적당 보리는 씨앗의 5~6배, 벼는 30~40배이기 때문이다. 같은 칼로리를 얻는 데 쌀은 보리의 1/10토지 면적이면 충분하다. 좁은 땅에 높은 인구밀도를 생각하면 벼농사야말로 우리에게 합리적인 농사였던 것이다.

전통 명절과 절기 풍속

농경사회의 풍속은 대부분 일 년을 주기로 하는 농사력에 따른다. 세시풍속은 농민이나 어민 같은 직접 생산자인 민중의 주기적이고 반복적인 삶을 반영한다. 세시풍속은 농사의 풍농을 예축(豫祝)·기원·감사하는 의례였으며, 인간 삶과 직결하여 복을 비는 의례였다.

세시풍속은 대부분 음식을 장만해서 즐기는 행사였다. 다달이 들어 있는 명절에 음식을 마련하여 살기 바빠서 소홀히 한 영양을 보충함으로써 체력을 유지하고, 곤궁했던 백성들은 음식을 나누며 서로의 정을 확인하고 위로하였다. 이러한 축제는 이웃 간의 화목과 협력을 다지고 오락을 즐기는 풍속으로 확립되어 오랫동안 이어 오고 있었다.

우리 조상들은 명절마다 먹는 음식이 다르고, 계절이 바뀔 때마다 계절의 정취를 느낄 수 있는 음식을 만들어 민속적인 독특한 행사로 지켜 왔다. '절식(節食)'과 '시식(時食)'의 세시풍속(歲時風俗)은 인간이 일 년을 살아가면서 일정한 시기에 주기적으로 반복되는 연중행사를 중심으로 형성된 농경문화의 산물이다.

| 명절 우리의 명절은 양기가 가득한 홀수와 홀수가 겹치는 날로, 쌀 문화를 중심으로 한해살이 바이오리듬으로 이루어져 있다. 설날(1월 1일), 삼짇날(3월 3일), 단오(5월 5일), 칠석(7월 7일), 중구일(9월 9일)은 모두 홀수이다. 그 밖에 2, 4, 6, 8, 10 짝수의 달은 보름날이 명절이다.

절기는 쌀농사에서 중요한 의미를 갖는다. 3월 삼짇날 못자리, 5월 단오 모심기, 6월 유두 김매기, 7월 칠석 농사일은 잠시 쉬기, 8월 한가위 햇곡식을 추수하여 차례상에 올리기 등등은 모두 쌀농사의 리듬에 맞춘 것이다.

| 명절 풍속의 역사 문헌에 나타난 명절 풍속에 관한 최초의 자료는 고대 부족국가의 제천의식이다. 삼국시대에는 전승된 제천의식에 조상제·농신제·산신제 등이 거행되었다. 불교문화의 영향을 크게 받았던 고려시대에 연등회와 팔관회는 법회이자 명절이었다. 불교의례였지만 그 내용에서는 동맹을 계승한 농경의

례로 상고시대의 제천의식과 같이 음주가무를 즐기는 축제적 행사였다. 조선조에는 산신제·기우제·서낭제가 국가적인 차원에서 행해졌고, 산신을 대상으로 하는 서낭제는 오늘날까지 동제(洞祭)로 이어지고 있다.

명절 풍속 연구는 17세기 이후 실학파의 민족 문화에 대한 주체적 자각과 애착에서 비롯되었다고 본다. 조선 후기 실학자 이수광 (1536~1628)은 『지봉유설(芝峯類說)』에, 24절기에 따른 세시풍속을 기술하고 있다. 이후 여러 책들이 고유한 세시풍속을 기록하고 있다. 이들 중 홍석모의 『동국세시기(東國歲時記)』는 우리 세시풍속을 집대성한 것으로, 현재까지 풍속과 음식이 전승되어 왔음을 알 수 있다.

일제강점기에 절식을 지키는 것이 점차 소홀하게 되었고, 외래 문물이 유입하게 되면서 이 절식 풍습은 쇠퇴하고 있다. 오늘날에는 설날과 정월대보름, 추석 정도만이 지켜지는 실정이다.

│ 천신 제철에 새로 나온 식품을 정성스럽게 조상님께 올리는 제사를 '천신(薦新)'이라 한다. 유교사회에서는 조상이 운감하고 자손에게 축복을 내리신다는 믿음이 있었다.

세시풍속이 중요한 의례로 발전되면서 남성이 주관하였다. 의례를 중시하는 유교 영향으로 의례 음식의 사용이 사대부 남성들의 지식과 권력이 행사되는 중요한 영역이 되었다. 조선시대 왕들은 종묘 천신의례를 철저하게 행하여 왔고, 왕이 모범을 보여 종묘에 천신하니 백성들도 이를 본받아 사당에 천신하였다.

시식(時食)과 절식(節食)

　　'시식(時食)'의 사전적 의미는 '그 계절에 특별히 있는 음식' 또는 '그 시절에 알맞은 음식'이고, '절식(節食)'은 '명절에 따로 차려서 먹는 음식'이다. 즉 제철과 명절에 먹는 음식으로, '시절 음식'이라 표현할 수 있다. 선조들은 시절 음식을 '식보(食補)'로 인식하여 계절의 변화에 따르는 생리적 변화를 조절하여 건강을 지키는 방편이기도 했다. 자연의 질서를 따라 순응하며 살아 내는 지혜가 명절과 시식에 담겨 있다.

　시식을 차리는 풍습은 궁궐뿐만 아니라 농촌이나 산촌도 다를 바 없었다. 제철 재료를 찾아내어 다양한 조리법으로 만든 음식을 조상님께 바치고 풍년과 복을 빌었다. 농업국가로서 쌀을 중심으로 한 떡과 술이 주류를 이루는데, 지금까지도 빈부귀천 없이 가장 보편적이고 소탈한 음식으로 전승되어 오고 있다.

　　| 제철음식은 보약 　시절 음식은 자연의 선물로, 몸의 기(氣)가 더욱 활성화되고 대사기능이 전반적으로 높아지게 하는 이로운 에너지가 있다. 제철음식의 섭취는 자연의 순리를 따르는 방법이다. 햇빛을 충분히 받고 자란 제철 채소는 식탁을 신선하고 풍

성하게 만든다.

인간은 작은 자연으로서, 자연의 리듬에 따라 봄에는 푸른 잎의 채소를 먹고, 여름에는 화(火)를 낮추는 음식을, 가을과 겨울에는 보양 성질의 음식을 먹어야 건강하다. 자연의 질서를 쫓아 태양의 기운과 흙의 영양분을 듬뿍 머금고 자란 농산물이야말로 에너지가 충일한 식재료인 것이다. 계절과 명절에 따라 해 먹는 것이 다른데, 이것은 풍미를 맛보는 것뿐만 아니라 제철음식이 신체를 보하고 약이 됨을 실생활의 지혜로 터득했던 것이다.

| 제철음식의 철학 『예기(禮記)』에, "봄에는 신맛이 많아야 하고, 여름에는 쓴맛이 많아야 하며, 가을에는 매운맛이 많아야 하고, 겨울에는 짠맛이 많아야 한다."고 했다. 이것은 오행사상(五行思想)의 영향을 받아 계절과 오미(五味)를 관념적으로 결부시킨 것이다.

옛사람들은 밥상에도 음양오행 사상을 접목함으로써 건강을 지키고자 하였다. 밥은 봄처럼 따뜻하게, 국은 여름처럼 뜨겁게, 김치와 젓갈은 가을처럼 시원하게, 술은 겨울처럼 차게 먹는다. 하루 세 끼의 식사를 통해 봄, 여름, 가을, 겨울 사계절의 기운과 시간을 먹는 셈이다. 쌀 한 톨이 만들어지기까지 햇빛과 비, 바람, 농부의 손길 등을 '나락 한 알 속의 우주'라고 표현하며 쌀 한 톨도 귀히 여겼다.

－ 공자의 절식 철학 『논어(論語)』의 「향당편(鄕黨篇)」에

는 '불시불식(不時不食)'이라 하여 '철이 아닌 것은 먹지 말라'고 했다. 공자(孔子)는 잘게 썰지 않은 고기, 색깔이 좋지 않은 음식, 바르게 썰지 않은 것, 집에서 빚지 않은 술, 제철이 아닌 것은 먹지 않았다. 채소는 꽃필 때, 해산물은 산란을 앞둔 때가 절정기이다. 제철 생선은 '시어(時魚)'라 하여 그 시기에 가장 맛있다. 공자는 시식(時食)의 의미와 가치를 알고 있었던 것이다. 먹는 것에 대한 공자의 사상은 단순히 맛을 추구하는 것이 아니라, 마음과 몸을 최고의 상태로 유지하여 건강하게 장수할 수 있는가에 토대를 두고 있다.

　　- 칸트의 절식 철학　독일 철학자 칸트는 제철식품의 즐거움을 알고 누린 사람이다. 그는 매일 같은 시간에 산책한 것으로 유명한데, 산책 후 달력의 여백에 자연의 미세한 변화를 기록했다. 어느 지점 민들레 싹에 연둣빛이 더해졌다든지, 포도 덩굴의 생김새가 세 번에서 다섯 번으로 늘었다든지……. 그의 가장 큰 낙은 그 시기에 가장 맛있는 재료를 골라 자신이 직접 요리해 먹는 것이었다. "제철식품을 요리해 먹는 즐거움이 없었다면 나의 인생 농도가 3분의 1이나 묽어졌을 것이다."라고 고백하고 있을 정도다. 칸트는 시식의 즐거움을 누릴 줄 아는 진정한 미식가였다.

1월

해솟음달

음력 1월

음력 1월을 '정월(正月)'이라고 한다. 한 해를 시작하는 달로서, '바르게[正] 사는 달[月]'이라는 의미를 지니고 있다. 정월에는 한 해를 설계하고, 일 년 간의 운세를 점치기도 한다.

『농가월령가(農家月令歌)』는 조선 후기 문인이자 정약용의 둘째아들인 정학유(丁學游, 1786~1855)가 지은 지은 책으로, 농가에서 일 년 동안 해야 할 일과 세시풍속, 제철음식과 명절 음식을 월별로 나누어 알려 주는 노래집이다. (참고로, 정약용은 아들에게 "폐족이 되었으니 농사와 학문에 힘쓸 것이요, 풍월이나 읊는 시인이 되지 말라"고 당부했다고 한다.) 이 책 「정월령(正月令)」에 정월의 풍속이 잘 드러나 있다.

정월은 맹춘(孟春)이라 입춘(立春) 우수(雨水) 절기로다 / (중략) // 정초에 세배함은 돈후한 풍속이라 / 새 의복 떨쳐 입고 친척 인리(隣里) 서로 찾아 / 남녀노소 아동까지 삼삼오오 다닐 적에 / 와삭버석 울긋불긋 물색(物色)이 번화(繁華)하다 / 사내아이 연날리기 계집아이 널뛰기요 / 윷놀아 내기 하니 소년들 놀이로다 // 사당(祠堂)에 세알(歲謁)하니 병탕에 주과로다 / 움파와 미나리를 무엄에 곁들이면 / 신선하여 오신채(五辛菜)를 부러하랴 / 보름날 약밥 제도 신라적 풍속이라 / 묵은 산채 삶아 내니 육미(肉味)와 바꿀소냐 / 귀밝히는 약술이며 부스럼 삭는 생밤이라 / 먼저 불러 더위팔기 달맞이 횃불 켜기 / 흘러 오는 풍속이요 아이들 놀이로다.

  － 정학유, 『농가월령가』 「정월령(正月令)」

  정월에는 우리 민족의 가장 큰 명절인 '설날'과 '정월대보름'이 들어 있어 행사가 다양하고 절기 음식이 풍족하다. 또한 24절기의 첫 번째인 '입춘'과 두 번째 절기인 '우수'가 들어 있어 봄기운을 감지하고 희망을 품는 시기이기도 하다.

음력 1월의 절기와 풍속

  | 입춘(立春) 양력 2월 4일경으로, 봄이 시작되는 날이다.

가정에서는 콩을 문이나 마루에 뿌려 악귀를 쫓고, 대문 등에 좋은 글귀를 써 붙인다. 마을 공동체에서는 입춘굿을 크게 하고, 보리 뿌리를 뽑아 일 년 농사의 풍흉을 점쳤다.

| 우수(雨水) 양력 2월 19일이나 20일경으로, '눈이 비로 변하고[雨] 얼음이 녹아 물이 된다[水]'는 뜻을 지닌 절기다. 우수에는 대동강 물이 풀리고, 기러기가 다시 추운 지방을 찾아 떠난다고 한다. 이때는 날씨가 쉽게 건조해지는데, 이 무렵에 내려 해갈에 도움이 되는 '춘설(春雪)' 또는 '복설(福雪)'이라 부르며 풍년의 징조로 삼았다.

|
음력 1월의 절식

입춘과 우수 무렵에는 달래, 겨자잎, 미나리, 무순, 부추 등을 즐겨 먹었다고 한다. "입춘 날 무순 생채냐?"라는 말은 맛있는 음식이나 신나는 일을 비유하는 표현으로, 제철에 먹는 음식은 참으로 맛이 있고 신이 나게 한다.

설날

새해 첫날은 노트의 첫 페이지이다. 어제까지의 나를 덮어 과거라는 선반 깊숙이 넣어 두고 하얀 여백의 시간을 여는 것이다. 해는 변함없이 동쪽에서 뜨지만 이날만큼은 새로운 각오로 희망을 품는 날이다. 눈에 보이지 않는 시간에 토막을 내어 '하루', '한 달', '일 년'이라 이름 붙이고 다시 시작한 인간의 지혜가 놀랍다. 불확실한 내일은 기대와 두려움, 슬픔과 기쁨이 교차되고 쓸쓸한 그리움으로 육신은 서서히 삭아 갈 것이다. 그러나 우리 앞의 시간은 축복이며 가능성이다. 가 닿기 힘든 아득함과, 가야 할 고단한 일상의 노고에 허옇게 사위어 가는 목숨의 쓸쓸함을 덮고 다시 시작할 수 있다는 것은 얼마나 다행한 일인가.

| 설날의 의미   정월 초하루는 '원단(元旦)', '세수(歲首)'라

고도 하는데, 새로운 정신과 몸가짐으로 일 년 동안의 액을 물리치고 복이 오기를 기원하는 날이다. 조상들은 설날을 '삼가고 조심하는 날'이라 하여 '신일(愼日)'이라 불렀다. 또는 '해가 서는 날'이라는 의미에서 '설날'이라고 했다. 이날은 우리의 명절 중에서 팔월 한가위와 함께 가장 큰 명절로 여긴다.

우리나라에서는 고종 31년(1819)부터 태양력의 사용을 권장하여 신정(新正)이 생겼고 공공기관은 이를 지켜 왔다. 그러나 국민들은 근 백 년이 지나도록 음력 설날을 그대로 쇠었다. 국가에서는 1989년부터 음력 설날을 국정 공휴일로 정하여 다시 음력설의 풍습이 지속되고 있다.

소설가 박완서(朴婉緒, 1931~2011)는 「호미」라는 글에서, 설날은 농사철을 대비하여 몸과 마음을 재충전하는 시간이라는 점을 이야기한다.

　　설명절은 추수한 곡식이 아직은 충분히 남아 있고 소와 돼지는 살찌고 해는 길어질 때다. 날로 도타와지는 햇살이 언 땅에 깊이 파고든다는 건 곧 농사꾼들에게 잔인한 계절이 올지니 그 전에 실컷 먹고 충분히 놀아 둬야 한다는 신호 같은 거였다.

설 세시풍속

| 차례 설날 아침에 명절 음식으로 조상을 받드는 정조(正祖) 차례를 지낸다. 기제사가 한 분의 조상을 위하는 상차림이라면, 설이나 추석 등 명절 차례상은 여러 조상을 모신다는 것이 다르다. 설날 차례상은 메(밥) 대신 흰떡국을 올리며, 정성껏 준비한 갖가지 음식으로 차례를 지낸다. 떡국은 하늘에 복을 빌며 먹는 음복 음식으로, 새해를 시작하는 부활신생과 한 해의 평안을 기원하는 의미가 담겨 있다.

| 세배 설날에는 차례를 마친 뒤 웃어른 순서로 세배를 드리고 세뱃돈을 받는다. 어른들께서 세뱃돈을 주시면서 '새해 복 많이 받아라' 하고 덕담을 한다. 또 일가친척을 찾아다니며 세배를 드린다. 세배는 상가(喪家)부터 먼저 하고, 공경해야 할 웃어른들께 한다. 원수라 할지라도 그 영혼 앞에서는 고개를 숙이는 법이다. 일가친척이 아니라도 만물은 일체인데 한마을 사람의 영혼을 모른 체할 수 없다는 생각에서였다.

세배를 받는 쪽에선 손님께 대접하는 음식상을 차린다. 잘 차려진 정월 손님상은 주안상과 떡국상, 다과상이 겸해진다. 식사 때가 아니거나 술을 대접하지 않아도 되는 손님에게는 따끈한 차나 화채, 떡, 산자나 다식 등 조과류를 낸다.

| 복조리 달기 설 풍속으로 '복조리 달기'가 있다. 정월 초하룻날 이른 아침부터 복조리 파는 사람이 대문을 두드린다. 이때 산 복조리는 부엌의 부뚜막이나 벽에 반드시 한 쌍이 되도록 두 개를 엇갈리게 묶어 거는데, 집안의 화목을 바라는 뜻이 담겨 있다. 또 복이 쌀알처럼 셀 수 없이 많이 들어왔으면 좋겠다는 바람과, 조리로 쌀을 일 때 돌이나 잡티를 걸러내듯 나쁜 일을 걸러낸다는 의미도 있다.

고려의 좀 특이한 새해 풍습으로 '게으름팔기'가 있었다. 고려 말기의 문신 원송수(元松壽, 1324~1366)의 「새해 첫날 게으름을 팔다」라는 시를 통해 새해에는 열심히 일하겠다고 다짐하는 좋은 풍습을 엿볼 수 있다.

게으름을 돈으로 거래하는 유래가 없는데도 / 서로 부르며 게으름을 팔려고 앞을 다투네 / 사람들이 기꺼이 천금을 던지는 것이 / 금년도 작년과 비슷하구나.

| 널뛰기 여자들만의 민속으로 널뛰기가 있다. 조선 후기에는 전국으로 퍼졌는데 정초에 양반가의 처녀나 상인의 아낙을 가릴 것 없이 뜰이나 앞마당에서 널을 뛰었다. 널뛰기를 통해 규방에서 쌓인 스트레스를 풀고 치장도 경쟁하듯 요란스레 하여 자기를 과시하였다. 조선 후기 문인 이학규(李學逵, 1770~1835)가 이 정경을 시로 읊었다.

치마를 걷어 올리고 허리에 띠를 질끈 동이고 오르내리누나

몸을 솟구쳐 오르니 담장 밖에서도 보이네

담이 연달아 있고 지붕이 맞닿아 서 있기 어려운 곳인데

어찌 부끄럽지도 않은가, 곁에서 기다리고 있는가?

새로 자줏빛 치마 입고 발 걷어 앞방으로 나오니

바라보니 여자는 기름 자르르 바른 머리에 얼굴이 훤하구나

보는 것만으로도 황홀한데 누구를 탓하리요.

　　－ 이학규, 『낙하집(洛下集)』, 「답판사」

| 탐매행(探梅行)　조선시대 선비들은 고상한 품격과 빼어난 운치를 취하는 꽃으로 매화를 으뜸으로 꼽았다. 유박(柳璞, 1730~1787)은 원예 전문서인 『화암수록(花菴隨錄)』에서 제야(除夜)에 매화를 노래하고 있다.

섣달 매화 등걸에 봄이 또 오니 / 맑은 기운 산 속 집을 흔드는구나 / 시든 등불 한 해를 지키는 이 밤 / 한가로이 두 해 핀 꽃 마주하누나.

　　－ 유박, 「제야에 매화를 마주하고」

그는 또 "봄에 피는 춘매(春梅)는 고우(古友) 곧 예스런 벗으로 삼고, 섣달에 피는 매화 납매(臘梅)는 기우(奇友), 곧 기이한 벗으로 삼는다." 하였다.

옛 선비들은 가장 먼저 피는 매화의 향기를 찾아 눈길을 나섰다.

　　매화는 추위가 가시기 전 가장 먼저 피는 꽃으로, 옛 선비들은
그윽한 매화의 향기를 찾아 눈길을 나섰는데 이를 '탐매행(探梅
行)'이라고 했다. 눈 덮인 매화나무 가지에 한두 송이 피어나는 꽃
을 찾아 산과 들[山野]을 소요하는 것이다. 이 '심매(尋梅)'는 선비
들의 고고한 풍류 가운데 하나로, 연중행사였다.

　　| 세주 　'세주(歲酒)'는 설에 쓰이는 찬 술이다. 설날에는

어른 아이 가리지 않고 이른 아침에 설빔으로 단장을 한 뒤 귀가 밝아진다는 이명주(耳明酒)를 반드시 한 잔씩 마셨다. 이는 봄을 맞이한다는 뜻이다.

가양주가 금지된 시절에도 세주만은 가정에서 담갔다. 설에 쓰이는 대표적인 술은 '도소주(屠蘇酒)'인데 '귀기(鬼氣)를 잡아[屠] 끊고, 사람의 혼을 소성(蘇醒)시킨다'는 뜻의 이름이다. 산초·방풍·도라지·밀감 껍질·계피 등 여러 가지 약재를 넣어 빚은 술이다. 하지만 반드시 이들 재료로 도소주를 만든 것이 아니라, 정월 초하루 날 마시는 술의 총칭일 가능성이 크다. 설날 도소주를 마시면 병이 나지 않고 장수할 수 있다고 믿었기에 이 풍습은 고려시대를 지나 조선시대까지 이어졌다.

설 절기 음식

설날에는 차례상과 세배 손님 대접을 위해 여러 가지 음식을 준비하는데, 이를 통틀어 '세찬(歲饌)'이라 한다. 세찬은 세주·떡국·각종 전·각종 과정류·식혜·수정과·햇김치 등으로 구성되는데, 어느 집이나 공통되는 음식은 떡국이다.

| 떡·떡국   우리나라의 떡은 상고시대에서부터 명절 음

식으로, 선물용으로, 제사음식으로 쓰였다. 또한 밥을 대용할 수 있는 음식의 성격을 띤다.

『삼국사기(三國史記)』「열전(列傳)」'백결선생조(百結先生條)'에는 "세모가 되어 이웃에서 떡방아를 찧는 소리가 가득한데, 빈한하여 떡방아를 찧지 못하는 부인에게 미안하여 거문고로 떡방아 소리를 낸 것이 후일에 전하여져 대악(碓樂)이라 하였다."라는 기록이 있다. 이를 보아 삼국시대에도 명절에 떡을 만들어 먹었음을 알 수 있다.

조선시대에는 "떡국 몇 그릇 먹었느냐?"는 말이 "몇 살이냐?"라는 의미로 쓰였는데, 이는 오늘까지도 전해진다. 떡국과 나이를 동일 개념으로 파악하는 보편화된 절식 풍속이었다.

정월 초하루에 떡국을 먹는 이유는 '태양숭배 신앙'에서 유래한 것으로 본다. 흰색은 맑고 밝음을 상징하고, 둥근 떡은 태양을 상징하여 흰색의 음식으로 새해를 시작하는 것은 천지만물의 신생부활을 의미하는 종교적 뜻이 담겨 있다. 민간에서 희고 긴 가래떡은 순수와 장수를, 엽전 모양으로 둥글게 썬 것은 재물복을 기원하는 것이라 한다.

또 다른 이유를 살펴보자. 떡은 쌀을 가장 차지게 한 음식으로, 쌀에 뭉치는 힘을 추가한 것이 떡이다. 이는 피부를 틀어막아 피부를 단단하게 해 추위를 이기게 하는 효과도 있다고 한다. 설날 아침에 흰떡국을 끓여 먹는 풍습이 언제부터 시작되었는지 알려지지 않았다.

- 떡국 종류 지역의 산물에 따라 떡국도 다르다. 두부떡국(전라북도), 멸치떡국(경상남도), 미역생떡국(충청남도), 닭장떡국(전라남도), 만두떡국(강원도) 등 비슷한 듯 조금씩 다르다.

충청도 지방의 생떡국은 익반죽한 쌀가루를 장국에 넣어 부드럽고 쫄깃한 맛이 일품이다. 개성지방의 조랭이떡국은 가래떡을 나무칼로 썰어 가운데가 잘록한 것이 특징이다. 이씨가 정권을 장악하며 조선을 건국할 때 고려 충신들이 떼죽음을 당하자 고려인들이 칼을 가는 심정으로 가래떡 끝을 하나씩 비틀어 잘라 내면서 이성계에 대한 울분을 풀었다는 일화에서 유래한다.

제주도에는 전통 떡국이 없고 차례상에 떡국 대신 흰쌀밥을 올렸다. 북쪽 지방은 만두를 매우 크게 빚어 만둣국을 끓이는데, 함경도는 꿩만두를 먹었다.

| 꿩 이야기 떡국은 흰떡에 쇠고기나 꿩고기를 넣어 만들었으나, 꿩고기를 구하기 힘들면 대신 닭을 쓰는 경우가 많았다. '꿩 대신 닭'이란 속담도 여기에서 비롯되었다고 한다. 꿩은 천기를 받은 길조로 여겨 왕실에서 천신제를 올릴 때도 쓰였다.

꿩은 우리나라 전역에 번식하는 텃새로서 우리 민족과 친숙하다. 지방마다 꿩에 대한 민요가 전해 오는 것만 보아도 알 수 있다. 겨울이면 꿩 육수를 흔히 쓸 수 있었는데 꿩 사냥은 쉬웠고, 사냥으로 잡은 꿩을 눈에 박아 두면 겨우내 먹을 수 있었다.

장끼란 놈 거동 보소 / 홍콩능 짓을 달아 / 백수아제 동정 달아 / 주먹 비실 틀틀이고 / 옥관자를 붙였으니 / 현현한 대장부라 / 까토리는 아리랑 / 저고리 아리랑 / 바지 아리랑 / 색을 단가 허어정 / 열부인이 되었구나.

— 청도 지방 민요

꿩 꿩 꿩서방 / 바우다리 최서방 / 자네지중 어디 갔나 / 이산 저산 당기다가 / 포수한테 잡혀갔네.

— 홍천 지방 민요

보통 수컷을 '장끼', 암컷을 '까투리', 새끼는 '꺼벙이'라고 한다. 날짐승 중 유일하게 암컷 수컷 이름이 다르다. 꿩은 음기가 많은 야산과 양기 많은 들판을 자유롭게 왕래하며 양쪽의 기를 고루 받는다. 먹이사슬도 풀뿌리·나무 열매·곡식·벌레 등 음기와 양기가 고르게 배합되어 최상의 식품이다.

| 동지김치 음력 정월에 담는 동지김치가 있다. 제주도 밭에서 진눈깨비와 바람을 견뎌 낸 배추에서 연한 꽃대가 나오면 꽃이 피기 전에 채취하여 바닷물에 하루 정도 담가 절여서 김치를 담근다. 숙성되면 사각사각 씹히는 질감과 상큼한 맛이 좋은 김치가 된다.

후덕한 인심을 수북하게 담은 명절 음식은 임금에서 노비까지

같은 날, 같은 음식을 먹음으로써 한 민족임을 느끼게 하는 끈 역할을 했다.

| 유밀과(油蜜果) "한 통 꿀 속에 몸을 담갔다가 한 통 기름 속에 튀겨져 한양 양반 입속에 달콤하게 녹아 버릴걸" 하는 노래가 있다. 유밀과에 빗대어 남도 처녀들이 부른 노래이다.

유밀과는 고려시대부터 최고의 과자로, 고소하면서도 달콤하고, 입 안에서 사르르 녹는 맛이 좋아 부처님께 올리는 최고의 공양식이었다. 유밀과 중에서도 약과는 왕실의 잔치는 물론 원나라에 가져가던 최상의 조공물이었다. 부유한 집안에서 너도나도 즐기게 되자 나라에서 금지령까지 내렸다고 한다. 빙허각 이씨의 『규합총서』(1800년대 초)에는 "유밀과를 약과라 하는 것은 꿀은 사계절의 정기요, 온갖 약의 으뜸이며, 기름은 벌레를 죽이고 해독하기 때문에 이르는 말이다."라고 하였다. 우리나라는 꿀을 약(藥)이라고 여겨, 꿀을 섞은 음식에는 대부분 '약'자를 붙였다.

| 유과 눈처럼 희고 가뿐한 유과를 한입에 베어 물면 부서질 듯 녹아내리는 고소한 맛이 난다. 누에고치에서 실이 줄줄 나오듯 일 년 내내 길이 이어지기를 기원하며 먹던 과자였다. 또한 신랑신부가 달콤한 인생을 시작하며 먹었고, 사이 좋지 않은 형제도 나눠 먹으면 눈 녹듯 의가 좋아지리라던 의미의 과자이다.

〈 설날의 사색 〉

　　살아가는 것은 태양이 빛나는 한낮의 경쾌함과 잿빛 하늘
의 침울함 사이를 오고 간다는 것. 어제까지의 허물을 벗고 소소한
일상에서 그리움을 일깨우는 따뜻함이 남아 있다는 것. 풀꽃 하나
에서도 절망이 아닌 삶의 의미를 배울 수 있다는 것. 덧없는 세월
의 무게에 허덕여도 아직 감사할 이유가 남아 있다는 것이 아닐까?

　　때로 연기만 남고 사그라 들기도 하지만 / 태양 닮은 불새들은
/ 지금 막 / 영혼의 둥우리를 향해 / 날아오르려 한다 / 태워
야 할 많은 것을 품은 불꽃처럼 / 꿈 꿀 수 있는 여백이 남아
있음은.

　　－ 졸시, 「아름다운 불」 중에서

입춘

설날 전후, 양력으로 2월 4일이나 5일에 '입춘(立春)'이 있다. 24절기의 첫째 절기로, '봄[春]이 서는[立]' 날이다. 이날을 맞아 집집마다 대문이나 기둥, 문설주에 나라와 가정의 안녕과 봄을 축복하는 글귀를 써 붙였으니 이를 '입춘첩(立春帖)'이라 한다. 글을 쓸 줄 모르는 사람은 남에게서 얻어서라도 붙였는데 내용은 다음과 같다.

봄을 맞이해 크게 좋은 일이 있을 것이며 해를 세워 경사가 많을지로다[立春大吉 建陽多慶]. 나라는 태평하고 백성은 편안할 것이며 가정은 넉넉하고 백성은 풍족할지로다[國泰民安 家給人足]. 부모는 천 년을 사시고 자손은 만대에 영화로우리[父母千年壽 子孫萬代榮].

입춘 세시풍속

| 입춘 부적 입춘에는 조정에서 악귀와 재앙을 막기 위해 궁궐 벽과 대문에 부적을 붙였으며, 여염에서도 따라했다. 부적은 주사(朱砂, 붉은 모래)를 갈아 복숭아씨 기름을 섞어 부호 같은 글씨를 쓰고 이를 벽조목(霹棗木, 벼락 맞은 대추나무)에 도장처럼 새겨 종이에 찍었다. 붉은색과 복숭아, 벽조목은 악귀를 쫓는다고 여겨, 전염병이 돌거나 여행 시에 몸에 지니고 다녔다.

| 입춘 날씨로 한 해 예측하기 입춘날 집안 어른은 한 해 농사의 풍흉을 보았다. 입춘이 설보다 빨리 오면 아직 입춘이 음력 섣달 동장군에 갇혀 있다고 보아, 봄이 춥고 꽃샘추위가 많거나 뒤늦게 폭설이 온다고 여겼다. 참고로, 꽃샘추위는 농사에 요긴한 '생태청소꾼'이다. 입춘 지나 우수, 경칩에 벌레가 봄이 온 줄 알고 알에서 깨어났다가 갑작스런 추위에 얼어 죽고 만다. 이런 꽃샘추위가 없다면 그해에 병해충이 많이 발생할 것이다.

조선 후기 실학자 서유구(徐有榘, 1764~1845)가 쓴 『임원경제십육지(林園經濟十六志)』를 보면, 입춘 날씨에 따라 그해 농사 풍흉을 점친 내용이 나온다. "입춘에 비가 내리면 오곡에 해를 끼치고, 입춘 일이 청명하고 구름이 적으면 그해에는 곡식이 잘 익으나, 입춘 일이 흐리고 음습하면 그해는 벌레들이 벼와 콩을 해친다."

| 맥근점   보리밥을 먹고 보리를 뽑아 점을 쳤는데 이를 '맥근점(麥根占)'이라 한다. 입춘에 보리를 뽑아, 뿌리가 세 갈래면 풍년, 두 갈래면 평년, 한 갈래면 흉년이 든다고 여겼다. 뿌리가 많으면 튼튼히 자라 수확량이 많을 것이고, 뿌리가 적으면 겨울 날씨가 순조롭지 못한 탓으로 수확량도 적으리라 예측한 것이다. 봄의 문턱에서 미리 보릿고개를 대비하는 지혜로운 풍속이었다.

입춘 절기 음식

| 입춘오신반   입춘에 먹는 음식을 '입춘오신반(立春五辛盤)'이라 한다. 입춘날 한양 근처 경기도 고을에서 움파·산갓·신감채(움에서 키운 당귀싹)·미나리싹·무싹 등으로 '오신반'을 만들어 진상하고, 선물로 주고받았다. 그중 산갓은 초봄 눈 녹을 무렵 움트는 싹을 채취하여 끓는 물에 데쳐 초장에 무쳐 먹는데 매운맛이 고기 먹을 때 좋고, 신감채는 은동곳처럼 깨끗하며 꿀에 찍어 먹으면 맛이 매우 좋다고 했다.

| 시래기떡   김장철에 말려 두었던 시래기를 삶아 양념하여 송편 속에 넣어 쪄서 먹으면 한 해의 병과 액운을 면해 주는 액막이 음식으로 먹었다.

정월대보름

우리 조상들은 새해 첫 보름날을 '상원(上元)'이라 하여 명절로 꼽았다. 1월을 일컫는 '정월(正月)'은 '첫 달을 올바르게[正] 지내야 한 해를 무사히 보낼 수 있다'는 뜻이 있고, '보름날 중에서 가장 중요한[大] 보름'이라는 뜻에서 '정월대보름'이라고 한다. 음력을 사용하는 농촌사회에서 첫 보름달은 한 해의 안녕과 풍요를 기원하는 매우 중요한 의미를 가진다.

대보름은 음력 정월 보름(1월 15일)으로, 신라시대부터 지켜 온 명절이다. 농경 국가의 명절 풍속에서 달이 차지하는 비중은 대단히 큰데, 대보름의 민속은 풍요 기원성이 크다. 정월대보름은 액을 물리치고 복과 풍년을 비는 날이다.

정월대보름 세시풍속

대보름날은 달로 상징된다. 해가 남자의 본질인 양력(陽力)의 에너지원이라면 달은 여자의 본질인 음력(陰力) 에너지원으로 다산(多産)과 풍요를 상징하므로 농경사회에서는 대보름을 중요시할 수밖에 없다.

| 달맞이 여자가 출가하여 제사를 받드는 아들을 낳는 것이 의무요, 아들을 낳지 못하면 칠거지악(七去之惡)에도 걸리니 아들 낳기를 기원했다. 예전에는 혼인날을 받아 놓으면 시집가는 딸에게 달을 먹이는 월식(月食) 습속이 은밀히 행해졌다. 솟아오르는 보름달을 향해 손바닥을 여덟 번 치는 동안 숨을 빨아들이고 다시 여덟 번 동안 숨을 내뱉는다. 이것이 한 숨통이다. 이것을 최소 아홉 숨통의 달을 먹어야 다산 에너지를 충전하여 아이를 갖게 된다고 생각했다.

아무리 자연을 사랑한다고 해도 달의 정기를 입이나 코를 통해 흡입하여 몸 안에서 자연과 동화되는 습속을 지닌 민족은 없을 것이다. 다산 욕구가 얼마나 강했는지를 보여 주는 것이다.

조무라치들은 바지 허리끈에 / 복조리를 주렁주렁 매달고 /
이 사립 저 사립 / 약밥에 잡곡밥을 퍼 나르고 // 골목골목마다 밟히는 / 짚귀신들의 울음소리 / 조무라치들은 해뜨기 전 / 짚귀신의 배를 가르고 / 돌잡히듯 / 오전짜리 십전짜리를 / 퍼내느라 법석대고 // (중략) 징검다리를 / 팔짝팔짝 뛰어넘으며 / 아나 내 더위 아나 네 더위 / 아나 그 먼뎃 더위.

─ 송수권, 「보름제」 중 '복(伏)더위'

| 쥐불놀이 이날에는 마을의 안녕과 풍요를 바라면서 공동으로 제사를 지냈고, 보름달을 보고 한 해의 농사를 점쳤다. 논두렁 밭두렁에 불을 놓아 마른 풀을 태우는 쥐불놀이를 했다.

| 연날리기 연날리기는 고려 말기에서 조선 초기에 시작되었다. 조선 후기에 들어서는 겨울철 찬바람이 불 때 시작하여 정월대보름 무렵까지 즐겼다. 우리나라 연의 종류는 통틀어 70가지가 넘는데, 모양에 따라 크게 직사각형과 자유롭게 만든 연으로 나뉜다.

단순 놀이가 아닌 액막이 연날리기도 전국으로 퍼졌다. 대보름 전날 연에다 식구들의 생년월일, 주소, 이름과 함께 "몸의 액이 소멸하라" 또는 '액(厄)', '송액(送厄)'을 적고 연을 띄워 공중에 높이 올라가면 연줄을 끝까지 푼 뒤 끊어서 날려 버리는 것이다.

| 탑돌이 정월대보름은 '연인의 날'이기도 했다. 신라시대부터 있었던 탑돌이 풍속은 청춘남녀가 탑을 돌다가 눈이 맞으면

생면부지의 남녀가 사랑을 나누던 신나는 축제였다. 탑돌이 풍속은 조선시대까지 번성했으나 한양 원각사의 탑돌이로 염문이 끊이지 않자 유학자들의 날선 상소문이 끊이지 않았고, 결국 세조가 금지령을 내렸다. 설날이 가족 중심의 명절이라면, 대보름은 이웃 중심의 개방적이며 적극적인 마을 공동체의 명절이다.

| 더위팔기   경각심을 기르기 위해 서로 먼저 문 밖에 나가 '더위팔기'를 한다. 즉 해 뜨기 전에 바구니나 체, 대소쿠리 등을 들고 밥 얻으러 다니면서 상대편을 부른다. 그때는 서로가 대답하지 않으려는 '정신 차리기[注意集中敎育]' 교육을 하는 것이다. 만일 정신 놓고 대답을 하면 부른 사람이 먼저 "내 더위!" 하고 소리친다. 내 더위를 상대편에 팔아 병이 없는 여름이 되기를 기원했다. 그러므로 서로가 더위를 먹지 않으려면 주의해야 한다는 것이다.

| 개 보름 쇠기   정월대보름 속담 중에 '개 보름 쇠듯한다.'라는 말이 있다. 정월대보름에 개에게 음식을 주면 일 년 내내 파리가 꾀고 개가 쇠약해진다고 여겨, 하루 종일 개밥을 주지 않거나 저녁밥 한 끼만 주는 풍습이 전국적으로 번져 있었다. 개를 굶기는 이유는, 달과 개는 상극이어서 개에게 밥을 먹이면 개가 달의 정기를 먹어 치운다고 여겼기 때문이다. '대보름날 개꼴'이란 말은 먹을 것을 곁에 두고 배 고픈 사람이나 그와 유사한 상황에 있는 사람을 의미한다.

정월대보름 절기 음식

전통적인 명절의 의미가 축소된 오늘날에도 대부분의 가정에서는 대보름 음식을 준비한다. 부럼으로 섭취하는 견과류는 겨울철의 훌륭한 영양식이 되고, 오곡밥은 주식의 영양 균형을 높여 준다. 묵은 나물은 섬유질이 풍부하여 변비와 암 발생의 원인을 제거하는 역할을 한다. 햇볕에 말린 묵은 나물의 매력적인 식감과 소박한 자연의 맛에 감추어진 과학성을 다시 한 번 생각하게 한다. 자연의 섭리에 따라 살았던 우리 조상들의 음식 생활이야말로 최상의 건강식인 것이다.

| 약밥 '약밥'의 어원에 몇 가지 설이 있다. '먹는 것은 모두 약'이라는 약식동원(藥食同源) 사상으로 볼 때 '약에 가까운 밥'이라는 의미에서 '약밥'이라고 했다는 것이다.

다른 설은, 꿀이 들어간 음식이어서 '약(藥)'자가 붙었다는 것이다. 다산(茶山) 정약용(丁若鏞, 1762~1836)이 지은 『아언각비(雅言覺非)』에는 "우리나라에서는 꿀을 흔히들 약이라 하여 꿀로 빚은 술은 약주, 꿀로 만든 밥은 약밥, 꿀로 만든 과자는 약과라 한다."라고 기록되어 있다.

약밥의 기원에 대해서는 『삼국유사(三國遺事)』의 「사금갑(射琴匣)」편에 자세히 적고 있다.

488년, 신라의 제21대 임금인 소지왕이 경주 남산 기슭의 한 정자로 나들이를 나섰는데 까마귀가 나타나 "나를 따라오라." 고 하였다. 까마귀 뒤를 따라가다 어느 연못 근처에서 한 노인 이 준 봉투를 뜯어 보니 편지에는 '거문고를 넣어 둔 상자를 활로 쏘라'고 적혀 있었다. 소지왕은 편지에 적힌 대로 거문고 장을 활로 쏘았는데 그 안에는 한 중이 후궁과 내통하여 왕을 죽이고 왕위를 찬탈할 궁리를 하고 있었다. 왕은 두 사람을 죽이고 위험에서 벗어났는데 그때가 바로 정월보름이었다. 소지 왕은 자신의 생명을 구해 준 까마귀에게 은혜를 갚기 위해 매 년 정월보름날에 약밥으로 까마귀에 제사를 지냈다.

이것이 백성들 사이에 전해지면서 정월대보름 풍습이 되었다고 한다. 까마귀는 우리 고대사회에서 신의 명을 전하는 존재로 여겼 다. 약밥은 신의 사자에게 바치는 신성한 음식이었기에 지상에서 나는 맛있고 값진 것을 모두 섞어 만들었던 것이다.

| 오곡밥 오곡밥의 기원은 확실치 않으나 서민들은 사치 스런 약밥 대신 오곡밥을 지어 이웃과 나누어 먹은 듯하다. 오곡밥 은 쌀 · 차조 · 수수 · 팥 · 콩으로 짓는데, 지방에 따라 보리나 기장 을 넣기도 한다. 쌀에 네 가지 곡식을 섞어 쌀의 부족한 영양분을 보충하고, 오곡의 조화로 온전한 맛을 이루었다고 한다. 참고로, 밥 이 끓어 거의 다 익어 갈 무렵 가운데 고이는 걸쭉한 밥물을 '곡식

의 정수'로 여겼는데, 며느리가 밥을 지을 때 어쩌다 밥물이 솥뚜껑 밖으로 넘치면 호된 꾸지람을 받았다고 한다.

특히 대보름날 다른 성(姓)을 가진 세 집 이상의 밥을 먹어야 그해 운이 좋아진다고 하여 여러 집의 오곡밥을 서로 나누어 먹었다. 다른 집의 밥을 얻어 와서는 자기 집 마구간 등에서 먹으며, 방에는 가지고 못 들어간다. 남정네들은 보름날 배가 고프면 일 년 내내 고프다고 해서 아홉 그릇 밥을 먹고 아홉 짐의 나무를 해 오는 '보름밥 먹기'라는 풍습도 있었다.

| 묵나물 · 복쌈 우리 어머니들은 긴 겨울을 대비하여 제철 푸성귀를 비축해 두는 것이 중요한 일이었다. 봄에는 고사리 · 고비 · 취나물 등을, 가을에는 애호박 · 가지 · 토란대 · 고구마 줄기 · 도라지 · 고사리 · 무 등을 햇볕과 바람에 널어 말렸다. 전 해에 말려 갈무리해 두었던 '묵나물[陳菜]'을 삶아 아홉 가지 나물을 마련하는데, 꼭 아홉이나 열두 가지로 고정된 것은 아니다. 다만 무나물 · 시금치나물 · 콩나물 등으로 손쉽게 채우기보다 봄여름에 준비해 둔 것을 택한다는 뜻이다. 나물을 먹으면서 여름에 더위 타지 않고 건강하기를 축원한다. 또 취나물 · 배춧잎 · 피마자 잎 · 김 등으로 밥을 싸서 먹는 것을 '복쌈'이라 한다. 복쌈에서 '복'은 보자기를 의미하고, 밥을 싸는 것은 복을 싸는 것으로 비유한 것이다.

곰취로 쌈을 싸고 김으로도 쌈을 싸 온 집안 어른 아이 둘러앉

아 밥을 먹네. 세 쌈을 먹고 서른 섬이라 함께 외치니 가을 오면 작은 밭에 풍년 들겠네.

　　　　　　　　— 김려(金鑢, 1766~1822)의 「정월대보름의 노래」

이 시는 복쌈을 먹던 풍속을 읊은 것이다. 이 시에는 "시골집에서는 묵은 나물이나 김 또는 무청, 배추김치에 밥을 싸서 한 입 먹고는 열 섬이라 부르고, 두 입 먹고는 스무 섬이라고 하고, 세 입 먹고 서른 섬라고 부르는데, 이것을 '풍년 빌기'라고 한다."라는 보충 설명이 달려 있다.

그릇에 복쌈을 볏단 쌓듯이 높이 쌓아서 성주신에게 올린 다음 먹으면 복과 풍년이 찾아온다고 믿었다. 정월 보름날의 절식은 그 당시에 여러 사람이 준비할 수 있는 토속적인 일반식품으로 종합 영양식을 한 것이다. 호두·밤·잣은 나무 열매에서, 다섯 가지 곡식과 나물에서 골고루 영양을 섭취하고, 지난해 비축했던 식품을 일단 정리한다는 의미도 있었다.

　　│부럼　대보름날 새벽에 생밤·호두·은행·잣·땅콩 등을 하나씩 깨물어 버리며 "일 년 열두 달 무사하고 종기나 부스럼 하나 나지 맙시사."라고 축원한다. 이를 '부럼'이라 하는데, 치아를 튼튼히 단련하기 위한 의미가 있었다.

'호두 깨먹기'는 병자호란 때 인조 임금이 청나라 태조에게 치욕적인 항복하며 겪은 삼전도의 치욕을 되새기며 '호나라[胡]를 깨 먹는다' 즉 '전란의 액을 깨 먹는다'라는 뜻에서 생긴 풍습이라고 한다. 사실 병자호란 전에도 정월대보름에 오곡밥과 아홉 가지 나물을 먹고, 잣 등의 나무 열매를 까 먹는 풍속은 있었다고 한다. 아마도 계절적으로 우리 몸에서 부족해지기 쉬운 양분을 섭취하기 위한 조상들의 지혜로움에 비롯된 것이었을 테다. 그에 더하여 병자호란 이후 호두 깨 먹는 풍습을 이룬 선인들의 국토 수호 정신은 참으로 본받을 만하다.

| 귀밝이술 보름날 아침에 웃어른에게 찬 술을 한 잔씩 드리는데 한 해 동안 기쁜 소식만 듣기 바라고 귀가 밝아진다는 의미에서 '귀밝이술'이라 하였다. 청나라 초기의 문인 장조(張潮, 1659~?)는 벗을 사귀는 것도 하나의 풍류임을 알려 준다.

> 상원(정월대보름)에는 모름지기 호탕한 벗과 술을 마신다. 단오에는 모름지기 아름다운 벗과 술잔을 기울인다. 칠석에는 모름지기 운치 있는 벗과 술을 마신다. 중추에는 모름지기 마음이 맑은 벗과 술잔을 기울인다. 중구(중양절)에는 모름지기 편안한 벗과 술을 마신다.
> – 장조, 「유몽영(幽夢影)」

정월대보름 금기 음식

대보름의 금기 음식도 있다. 대보름 아침밥을 물에 말아 먹거나 파래가 식탁에 오르면 논밭에 잡초가 무성해진다 하여 '부정 탈 일'이라고 여겼다. 또 김치, 찬물, 눌은밥, 고춧가루를 먹으면 벌레에 쏘인다고 여겨 기피했다.

2월

시샘달

언제나 새로운 봄

음력 2월

　　슬픈 은둔을 꿈꿀 때나 남사당패처럼 흐르고 싶을 때 나는 섬진강에 간다. 굽이굽이 돌아가는 섬진강엔 비가 내리고, 젖은 산은 안개를 두르고 있다. 비는 여린 가락으로 나무와 돌, 강물을 가만 가만히 깨운다. 은빛 띠 같은 긴 강물은 소생할 수 있는 상처처럼 설레고, 기울었던 달이 차오르듯, 물오른 나무에 새순 돋듯 어김없는 약속처럼 찾아온 손님. 신기해라. 마른 풀섶엔 쑥, 냉이, 쇠별꽃, 제비꽃, 닭의장풀……. 수많은 봄을 보냈지만 봄은 늘 새롭다. 풀들의 숨결은 천 마디 말보다 새롭다. 아무도 없다고 느낀 골짜기와 벌판의 시든 풀 더미 속에 파릇한 생명이 움트고 있다, 봄비 속에.

　　각 계절이 지나가는 대로 그 계절 속에 살라. 그 계절의 공기를

신기해라. 마른 풀섶에 어느새 쑥이 쑥!

들이켜고, 그 계절의 음료를 마시며 그 계절의 과일을 맛보라.
…… 자연의 모든 냇물과 대양 속에 먹을 감으라. 봄과 함께 파
릇해지고 가을과 함께 노랗게 익어 가라. 각 계절의 영향력을
보약처럼 들이켜라. 그것이야말로 당신을 위해 특별히 조제된
만병통치약이다.

— 헨리 데이비드 소로(1817~1862), 「야생사과」 중에서

풀잎이고 싶다 봄에는. 누런 갱지처럼 핼쓱한 대지에도 연둣빛

연서가 일고, 감질 나는 햇살은 떠남을 꿈꾸는 자연의 초대장. 봄날
은 누군가가 그리워 허기지는 계절. 해 묵은 가슴앓이야 말간 물살
에 실려 보내고 햇살을 따라 가면 시간의 강물 저편에 닿을 것 같
지 않은가?

　이렇듯 봄 느낌으로 설레는 음력 2월에는 농사를 시작하는 데
큰 의미를 두고 중요하게 여긴 명절인 '중화절'이 들어 있고, 24절
기로 '경칩'과 '춘분'이 있다.

　『농가월령가』, 「이월령(二月令)」에 경칩과 춘분의 절기 특성이
드러나 있다.

> 이월은 중춘이라 경칩(驚蟄) 춘분(春分) 절기로다 / 초륙일 좀
> 생이는 풍흉을 안다 하며 / 스무날 음청(陰晴)으로 대강은 짐
> 작느니 / 반갑다 봄바람에 의구히 문을 여니 / 말랐던 풀뿌리
> 는 속잎이 맹동(萌動)한다 / 개구리 우는 곳에 논물이 흐르도
> 다 / 맷비둘기 소리나니 버들 빛 새로워라 / 보쟁기 차려 놓
> 고 춘경(春耕)을 하오리라 / 살진 밭 가리어서 춘모를 많이
> 갈고 / 목화밭 되어 두고 제때를 기다리소.
>
> － 정학유, 『농가월령가』 「이월령」 중에서

음력 2월의 절기와 풍속

| 경칩(驚蟄)　24절기의 세 번째 절기인 '경칩'은 양력 3월 6일경으로, 이때부터 날이 따뜻해지고 초목의 싹이 트기 시작한다. 이날에는 겨울잠을 자던 동물들이 깨어난다고 하는데, 흔히 '개구리가 깨어 팔짝 뛰는 날'이라고 표현한다. 선조들은 이날 보리싹을 보고 한 해 농사의 풍흉을 가늠했으며, 개구리나 도롱뇽 알을 먹으면 건강에 좋다고 여겨 먹는 풍습이 있었다고 한다. 또 일 년 동안의 빈대를 모두 잡기 위해 흙담을 쌓거나 물에 재를 타서 그릇에 담아 두기도 했다.

| 춘분(春分)　24절기의 네 번째 절기인 '춘분'은 낮과 밤의 길이가 같아지는 날이며, 양력으로 3월 21일경이다. 춘분 전후로 바람이 강하게 불어 '2월 바람에 김칫독 깨진다.'라는 속담이 생겼다. "춘분 날 밭을 갈지 않으면 일년 내내 배고프다."라는 표현은 차가운 꽃샘바람은 조심하면서 부지런히 일해야 한다는 의미를 담고 있다.

중화절

사서(四書)의 하나로서 '삶의 방식'을 다룬 책으로 평가 받는 『중용(中庸)』에 의하면, 만물은 중화에서 난다고 하며, 농사를 시작하는 2월 초하루를 '중화절(中和節)'로 부른다. 우리나라는 정조 20년(1766년) 음력 2월 1일에 처음으로 임금이 신하들에게 잔치를 베풀고 붉은 나무로 만든 자 '중화척(中和尺)'을 나누어 주며 중화절이라 하였다.

이 무렵에 들나물이 나오기 시작하므로 냉이나 달래 등의 들나물이 별미로 등장한다. 『농가월령가』, 「이월령」에 갖가지 나물을 캐어 먹자는 구절이 나온다.

산채(山菜)는 일렀으니 들나물 캐어 먹세 / 고들바기 씀바귀요
소로장이 물쑥이라 / 달래김치 냉이국은 비위를 깨치나니 /

본초(本草)를 상고하여 약재를 캐오리라.

— 정학유, 『농가월령가』「이월령」 중에서

중화절 세시풍속

| 노비일 농가에서는 추수가 끝난 뒤부터 겨울에는 특별한 일이 없어 농한기를 보내다가 음력 2월이 되면 농사 지을 준비를 하는데, 이날 봄 농사를 앞두고 주인이 노비들의 사기를 북돋우기 위해 술과 음식을 대접하고 놀게 한다. 노비들은 이날 풍물을 울리며 노래와 춤으로 마음껏 하루를 즐겼다. 그래서 중화절을 '노비일(奴婢日)' 즉 '머슴날'이라고도 하는데, 이날 한 해의 노비 품삯을 정하기도 했다고 한다. 그해에 20세가 된 머슴은 어른으로 인정받아서 어른들과 품앗이를 할 수 있게 되고, 새경(곡식으로 따지는 연봉)도 어른과 같이 일 년으로 정하는 연봉 계약날이기도 했다.

| 영등맞이 이날 영남 지방이나 해안 지방에서는 '영등맞이'라는 풍어제를 지내기도 한다. 영등할머니는 비바람을 일으키는 변덕 많은 할머니다. 하늘에서 내려와 지상에 머무는 동안 정성껏 대접하여 바람의 피해를 막고 그 해의 풍년을 비는 것이다. 흰떡을 굵게 비벼 용떡을 만들어 용신에게 바치는 것도 바다의 평온

과 풍어를 기원하는 까닭이다.

'영등맞이'는 영등할미가 상천(上天)한다고 하는 20일(또는 15일)경까지 이어진다. 초하룻날 날씨가 우중충하거나 비가 오면 '물영등', 맑으면 '불영등', 바람이 불면 '바람영등'이라 한다. 또 이날은 '장닭 꼬리만 팔랑해도 그해에는 바람이 많으며, 서리가 오면 며루가 많다'고 한다. 이 모두가 얼었던 대지가 풀리고 농사일과 어업이 시작되는 때이므로 권농사상을 바탕으로 시작된 것이라 할 수 있다.

| 콩 볶기 중화절에 콩을 볶아 먹으면 노래기가 없어지고, 좀이 슬지 않는다 하여 집집마다 콩 볶는 소리가 요란했다. 농촌에서 초가 지붕이 사라지면서 노래기도 없어져서 지금은 사라진 민속이 되었지만, 어렸을 때 콩 볶는 것을 본 기억이 있다. 중화절 날에 어머니는 가마솥에 콩을 넣고 아궁이에 콩깍지를 밀어넣어 불을 때셨다. 자루가 긴 나무주걱으로 가마솥에 든 콩을 저으시며 "달달 볶아라, 콩을 볶아라, 새알도 볶고 쥐 알도 볶아라.", "손거스러미 짓자 손거스러미 지우자."라고 읊조리셨다. 집 안이 청결해지고 손거스러미를 예방하기 위함이었다.

이날 콩을 볶는 이유가 또 있다. 가을의 수확을 미리 예상하기 위해서인데, 콩과 약간의 보리를 섞어 한 되를 솥에 넣고 볶는다. 다 볶은 다음 다시 됫박에 담아 보아 한 되가 넘으면 풍년이 들어 추수가 많겠고, 한 되가 못 되면 흉년이 들어 수확량이 감소한다는

봄의 향기를 전해 주는 달래

것이다. 농업 기술이 발달한 오늘날에는 당연히 한 되가 넘치는 콩
이 나올 것이니 늘 풍년이 될 거라는 즐거운 예상이 되겠다.

남자들은 이날 한 해의 더위를 이겨낸다 하여 칡을 캐다 먹었다
고 한다.

| 나물 캐기   달래 · 냉이 · 고들빼기 · 씀바귀 · 소리쟁이
등의 나물을 캐어다가 봄의 향기를 맛보게 한다.

나물은 크게 산나물, 들나물, 재배나물로 구분해 볼 수 있다. 산나물로는 죽순·도라지·고사리·두릅·고비·취 등이 있고, 들나물로는 쑥·달래·씀바귀·냉이·소리쟁이·쑥부쟁이 등이 있다. 추운 겨울을 부족한 식량으로 어찌어찌 견뎌 내고 이른 봄이 되면 산과 들은 나물 뜯는 사람으로 온통 하얗게 보였다고 한다. 나물은 예로부터 봄철 입맛을 돋우는 먹거리이자 몸과 마음의 양기를 보충해 주는 약이기도 했다.

중화절 절기 음식

중화절은 농사일을 시작하기에 앞서 일할 사람들에게 위로와 격려를 주는 농경 국가의 민속이다. 철저한 계급사회였던 그 시대에도 아랫사람을 거두고 격려할 줄 아는 뜻깊은 명절 풍속이다. 노비제도가 없어진 오늘날 중화절에 송편을 해 먹는 풍속도 사라졌다.

| 노비송편   2월은 농사를 준비하기 시작하는 달이다. 따라서 2월 초하룻날에는 송편을 빚어 노비들에게 나누어 주고 하루를 쉬게 하였다. 노비를 위한 송편이라 하여 '노비송편' 또는 '삭일송편'이라고도 한다.

예로부터 농촌에서는 정월 보름 또는 그 전날에 '볏가릿대[禾積]'를 세웠다. 짚을 기 모양으로 묶고 그 안에 벼·기장·피·조의 이삭을 넣어 주머니에 싸 매달아 둔다. 볏가릿대는 이삭이 풍성하게 열린 모양을 만듦으로써 풍년을 기원하였다. 이 볏가릿대는 2월 초하룻날 이른 아침에 철거하여 여기서 훑은 벼를 빻아 떡을 빚고 그 볏짚을 때서 떡을 찐다. 이 떡은 반달처럼 빚어 솔잎을 켜켜이 깔고 찌기 때문에 '송편'이라고 하였다.

송편의 소는 팥·까만 콩·푸른 콩 등을 넣는데 이날 송편은 손바닥만큼 크게 빚고 좀 작은 것도 달걀 만하게 빚으며 손자국을 낸다. 추석의 골무만큼 작고 솜씨 있게 빚은 떡과는 다르다. 떡을 나눌 때는 나이 수대로 송편을 나누어 '나이떡'이라고도 하였다.

물오름달

꿈처럼 오는 봄, 꿈처럼 갈지라도

음력 3월

'꿈처럼 오는 봄, 꿈처럼 갈지라도' 지금은 바야흐로 꽃 피는 시절이다. 봄의 이미지는 생명의 부활, 재생, 희망, 새싹 등 밝고 환한 단어로 채워졌다. 마음의 응달에도 햇살은 비추고 꽃소식으로 모처럼 환하다. 그러나 꽃은 피고 지고, 새들은 창공을 울며 날지만 출구 없는 그리움으로 봄이면 오히려 몸과 마음이 야위는 춘수(春瘦)를 앓는 사람들도 있다.

담박한 마음으로 정숙을 생각해도 / 산골 너무 적막하여 사람 하나 뵈지 않네 / 아름다운 풀잎도 꽃 피울 생각하는데 / 아, 이 젊음을 장차 어찌할거나.

– 설요, 「반속요(返俗謠)」

설요는 당나라에서 활약한 신라의 여류시인이다. 15세에 비구니가 되었으나 꽃 피는 봄의 관능을 견딜 수 없어 시 한 줄 써 놓고 환속하였다. 21세 젊은 여승을 대책 없는 생의 충동으로 부채질한 것은 눈부신 봄, 봄날이었다.

비 온 뒤 담장 아래 새 죽순이 솟아나고 / 뜰에 바람 지나가자 지는 꽃잎 옷에 붙네 / 온종일 향로에 향 심지 꽂는 외에 / 산 집엔 다시금 아무 일도 없다네.

고려 때 충지(沖止, 1226~1292) 스님은 「한중잡영(閑中雜詠)」에서 이렇게 노래했다. 비 온 뒤 죽순은 돋아나고 꽃은 피어 흩날려도 아무 일 없는 산사의 적막한 시간이 수채화 속 풍경 같다.

진달래꽃에 홀려 / 봄날 / 헤매어 본 사람은 안다 / 따먹은 한 줌 꽃의 / 그 어질머리 나는 유혹을 // 봄날은 누군가가 그리워 허기가 지는 계절 / 산다는 건 / 제 몫의 사랑을 파종하는 것 // 짙어 오는 풀빛에 목이 메어 본 사람은 알 것이다 / 꽃들이 제 피를 걸러 향을 피우듯 / 모두가 외로운 것을.

– 졸시, 「그 유혹을」

누군가 그리워 허기지는 봄날이다. 짙어 오는 풀빛에 목메어 본 사람은 안다. 봄 햇살의 유혹과 진달래꽃 속에서 올려다 본 하늘빛을. 우리가 누릴 수 있는 봄이 몇 번이나 되는지 알 수 없다.

이렇듯 아름다운 봄 3월에는 양기 충천한 명절인 '삼진날'과 조상의 묘를 찾는 '한식(寒食)', 24절기의 다섯 번째 절기인 '청명(淸明)'과 여섯 번째 절기인 '곡우(穀雨)'가 자리하고 있다.

『농가월령가』「삼월령 (三月令)」에 봄날의 정취가 잘 드러난다.

> 앞산에 비가 개니 살찐 향채 캐오리다 / 삽주 두릅 고사리며 고비 도래 어아리를 / 일분은 엮어 달고 이분은 무쳐 먹세 / 낙화를 쓸어 앉아 병술로 즐길 적에 / 산처의 준비함이 가효(佳肴)가 이뿐이라.

시인 백석(白石, 1912~1996) 은 자신의 시 「산」에서 지천에 널린 산나물 냄새가 물씬 나는 정취를 그리고 있다.

> 그 쉬영꽃 진달래 빨가니 핀 꽃 바위 너머 / 산등에는 가지취, 뻐국채, 게루기, 고사리, 산나물판, 산나물 냄새 물씬물씬 나는데.

음력 3월의 절기와 풍속

| 한식(寒食)   한식은 양력으로 4월 5일이나 6일경으로,

동지로부터 105일째 되는 날이며, 대부분 청명과 겹치거나 하루 차이여서 '한식에 죽으나 청명에 죽으나'라는 속담이 나왔다고 한다. 한식은 중국에서 시작하여 신라시대에 정착된 명절로, 매년 이 날에 바람이 심하게 불어 불을 금하고 찬 밥을 먹게 되었다는[寒食] 설과, 중국 진나라 때 산에서 타 죽은 의 충신 개자추(介子推)의 혼령을 애도하는 의미에서 불을 금하고 찬 음식을 먹었다는 두 가지 설이 있다. 지금도 한식에 약밥이나 찬밥을 먹으면 일 년 내내 병이 없다고 여겨 불을 쓰지 않는 풍습이 전해진다.

이날은 국가적인 행사로 종묘와 능에 제사를 올리고, 각 가정에서도 성묘를 한다. 참고로, 우리나라에서 조상께 제사를 올리고 성묘를 하는 명절은 설날·한식·단오·추석이다.

| 청명(淸明) 청명의 한자 뜻을 그대로 풀면 '맑고[淸] 밝음[明]'이다. 청명에는 하늘이 맑아지며 본격적으로 기온이 올라간다. 청명은 양력 4월 6일경으로, 대부분 한식과 겹친다. '청명에는 부지깽이를 꽂아도 싹이 난다'라는 속담이 있을 정도로 날씨가 화창하여 나무를 심기에 적당하다. 식목일도 이 무렵이다. 이 시기에 농사를 준비하기 위해 논밭둑을 손질하기도 하고, 못자리판을 만들기도 한다.

| 곡우(穀雨) 곡우는 양력 4월 20일경으로, 일 년 중 '모[穀] 심기에 필요한 비[雨]가 내리는' 날이다. '우(雨)'자가 들어 있

는 절기는 '우수(雨水)'와 '곡우(穀雨)' 뿐이다. 그만큼 이때의 비가 농사에는 제일 중요하기 때문이다. 나무에 물이 가장 많이 오르는 때라 사람들이 수액을 먹기 위해 깊은 산을 찾기도 한다.

음력 3월의 절식

전통적인 상차림의 '봄삼첩'은 흰 밥에 무장국, 나박김치, 조기조림, 청포무침, 미나리강회다.

| 곡우살이(조기) 경기도 일대와 서울로 오는 연평도 조기는 이때 가장 기름이 오르고 맛이 있다. 이 무렵 밴댕이와 웅어도 많이 잡히는데, 웅어는 회로 먹는 방법 말고도 고추장을 넣은 찌개가 일미이다.

| 미나리강회 미나리를 살짝 데쳐 돌돌 말아 초고추장에 찍어 먹는 미나리강회는 미나리의 향취와 씹는 맛을 최고로 살린 음식이다. 요즘 사시사철 먹을 수 있지만 예전에는 임금에게 진상할 정도로 귀했다고 한다. 윗사람을 잘 섬기는 사람더러 '근성(芹誠)이 놀랍다'고 하는데, 일찍 나는 봄 미나리[芹]를 임금께 바친 데서 유래했다고 한다. 선조 때의 유희춘(柳希春, 1513~1577)이 전

라감사로 있을 때 지은 「헌근가(獻芹歌)」가 전해진다.

미나리 한 포기를 캐어서 씻으이다 / 다른 데가 아니라 우리
님께 바치오이다 / 맛이야 긴치 아니커니와 다시 씹어 보소서.

| 탕평채(청포무침) 조선 영조 때 어느 쪽에도 치우치지
않는다는 뜻의 '탕탕평평(蕩蕩平平)'의 탕평책에서 연유한 음식이
다. 청포묵에 쇠고기 · 미나리 · 숙주 · 김 등을 넣어 무쳐 담백한
맛이 일미이다. "새야 새야 파랑새야 녹두밭에 앉지 마라. 녹두꽃
이 떨어지면 청포 장수 울고 간다."라는 민요를 통해 당시 청포묵
의 유행을 짐작하게 된다.

| 쑥설기 · 쑥버무리 · 애탕 쌀가루에 봄에 나는 어린 쑥
과 설탕을 섞어 찐 떡으로 향긋한 봄의 맛을 느낄 수 있다. 그 외에
쑥개떡도 쪄 먹는다. 애탕은 봄철 연한 쑥을 데쳐서 쇠고기와 함께
완자를 빚어 넣어 끓인 맑은 국이다. 쑥국이 반상에 따르는 국이라
면 애탕은 교자상이나 주안상에 어울리는 국이다.

삼짇날

음력 3월 3일은 삼짇날은 양(陽)이 겹치는 큰 명절이다. 3
이 두 개라서 '중삼절(重三節)', 들에 나는 풀을 밟으며 꽃과 새들
을 즐기는 날이어서 '답청절(踏靑節)'이라고도 한다. 이날 강남 갔
던 제비가 돌아오며, 나비들도 눈에 띄기 시작한다. '삼질', '삼샛
날' 또는 삼신할머니를 기리는 날로서 '여자의 날'이라고도 한다.

삼짇날 머리를 감으면 머릿결이 윤기 나고 소담해진다고 하여
삼삼오오 물가로 가서 머리를 감았다. 이날은 제비 외에 나비를 볼
수 있는 때이기도 하다. 삼짇날 먼저 보는 나비의 색깔로 나비 점
을 치는데, 호랑나비나 노랑나비를 보면 길조(吉兆)로 여겼고, 흰
나비를 먼저 보면 연내에 상(喪)을 당한다고 하였다.

삼짇날 세시풍속

| 장 담그기 우리 음식에서 없어서는 안 되는 발효식품인 장(醬)은 음력 정월에서 3월 사이에 담그는데, 특히 양(陽)의 수가 겹치는 중삼절에 장을 담가 오래 묵혀 두면 품질이 좋다고 하였다. 장의 재료는 메주, 소금물, 고추, 참숯(살균 작용)이다. 장독에는 잡귀가 들지 못하도록 왼새끼를 꼬아 솔잎·한지·고추를 끼운 금줄을 쳐 장맛을 지켰다. 『농가월령가』「삼월령」에서 장 담그는 일을 노래하고 있다.

> 삼월은 모춘(暮春)이라 / 청명 곡우 절기로다 / (중략) 인가의 요긴한 일 장 담는 정사로다 / 소금을 미리 받아 법대로 담그리라 / 고추장 두부장도 맛맛으로 갖추하소. (생략)

| 개접(開接) 서당의 학도와 유생들은 두견주와 화전을 준비하여 시를 지으며 야외에서 하루를 즐기는데, 이를 서당에서는 '개접'이라 하여 개학식인 셈이다.

| 답청(踏靑) 음력 3월이 되어 산과 들에 봄기운이 가득해지면 밖으로 나가 새로 돋은 파릇한 풀을 밟고 봄을 즐겼는데 이를 '답청'이라 하고 이날을 '답청절'이라 했다. 혜원 신윤복의 「상

「상춘야흥(賞春野興)」, 신윤복

「상춘야흥(賞春野興)」을 보면 봄의 흥이 넘쳐난다. 꽃이 만발한 동산
기슭에서 남녀가 어울려 가야금을 연주하고 시를 읊으며 화전놀이
를 하는 장면을 그린 것이다.

　| 꽃다림　조선시대 부녀자들은 외부 나들이가 극히 어려
운 상황에서 이날만은 공식적인 야외 나들이가 허용됐다. 봄날 화

전놀이는 동네 아낙네의 명절이다. 부녀자들이 분 바르고 기름 발라 멋을 내고 산과 물이 있는 곳을 찾아가 하루를 봄에 흠뻑 취하는 화전놀이를 '꽃다림'이라 한다. 지역에 따라서는 산에 올라 먼 발치로나마 부모형제가 살고 있는 친정 고향을 바라볼 수 있는 기회이기도 했다. 부녀자들은 화전을 부쳐 나눠 먹고 갖가지 여흥을 즐기며 따스한 봄볕으로 시집살이에 지친 심신을 달랬을 것이다. 남자들이 없으니 아낙네들이 자유롭게 노래를 부르고 춤을 추며 놀았다. 흥이 고조되어 분위기가 무르익으면 장구와 물바가지 소리에 맞춰 한 사람씩 나와 춤을 추기 시작한다. 양 어깨를 바싹 위로 추켜고 자라목처럼 목을 움츠리며 주는 자라춤, 등판에 대소쿠리를 넣고 추는 꼽새춤, 장타령을 하며 다리 밑에 손을 넣고 추는 문둥이춤, 중풍 들린 노인네처럼 전신을 사시나무 떨듯이 추는 춤, 절뚝바리춤, 큰석작을 뒤집어쓰고 엎드려 몸을 끌어 기어 다니는 문어다리춤. 과부가 사내같이 생긴 여장부를 신랑으로 삼아 벌이는 과부 결혼식도 있다. 이때 신부는 진달래꽃을 따다 연지 곤지를 찍어 화장을 대신한다. 여기서 「화전가」 한 가락을 들어 보자.

> 놀음 중에 좋은 것은 화전밖에 또 있는가
> 단오명절 좋다 해도 꽃이 없어 아니 좋고
> 추석명절 좋다 해도 단풍들이 낙엽 지니 마음 슬퍼 아니 좋고
> 놀이 중에 좋은 것은 꽃 피고 잎 피는 화전놀이 제일이라.
> – 청송군 진보면, 「화전가」 중에서

| 민족의 꽃 진달래 우리 조상들은 소박한 꽃을 가까이 하고, 요염하고 현란한 꽃은 사람의 본성을 어지럽힌다 하여 오히려 기피하였다. 어느 미학자는 한국인이 소박한 꽃을 좋아하게 된 것은 "산수 좋고 사계절이 뚜렷하여 원색의 자연 변화 속에서 살아와 화려한 원색미를 애써 표현할 필요가 없었기 때문"이라고 한다. 시인 조병화는 "강한 것보다 약한 것에서, 풍부한 것보다는 청빈한 것에서 기름진 것보다는 애절한 것에서, 가진 것보다 없는 것에서 영혼을 찾는다."라며 한국인의 꽃을 보는 관점을 말하고 있다.

- 진달래꽃의 애환 봄이면 가장 먼저 연상되는 것이 꽃이다. 그중에서 진달래꽃은 봄의 절정을 장식한다. 오랜 세월을 두고 우리 겨레와 애환을 함께해 온 한국의 꽃이다. 먹을 것이 없던 시절 꽃잎을 따서 허기를 채운 꽃이기도 하다.

언젠가 "나뭇짐을 하고 온 아들 앞에 놓인 개다리소반에는 하얀 사발에 분홍 진달래꽃만 소복이 담겨 있었다."라는 글을 읽은 적이 있다. 새순이 돋는 나뭇가지에는 햇살이 눈부신데 허기진 아들에게 밥 대신 진달래꽃을 줄 수밖에 없었던 엄마의 애잔한 마음이 찡하게 전해졌다.

- 진달래꽃과 관련된 문학 진달래꽃은 이른 봄 산골짜기에 소문도 없이 피었다가 하루아침 비바람에 속절없이 지고 만다. '화무십일홍(花無十日紅)' 즉 아름다움의 허망함을 잘 나타내며 '한 많은 여인'을 상징하기도 한다. 진달래꽃은 우리 생활 속의 꽃으로, 민중의 노래인 민요에 많이 등장한다.

춘삼월 이른 꽃은 영변의 진달래라 / 얼른 피고 얼른 지니 두
고두고 아까워라 / 핀 날부터 새빨가니 서도각시 부끄러라 /
영변의 진달래야 피긴 피되 / 더러는 더디 피던 못하던가.

─ 「꽃노래」, 영변 지방 민요

꽃아 꽃아 진달래꽃아 / 촉촉 바위에 너 피었느냐 / 육지 평지
내사 싫고 / 촉촉 바위가 본색일세.

─ 장성 지방 민요

예부터 한국인은 자연의 질서와 변화에 순응하면서 생활을 영위해 왔다. 사계절의 변화가 뚜렷한 풍토에서 농경민족으로 살아온 한국인은 계절이 변할 때마다 그에 상응하는 행사를 치러 왔다. 특히 꽃으로 계절을 느끼고 꽃을 사랑했던 민족이었기에 꽃과 관련된 행사가 많았다. 꽃과 나무가 관련되는 세시풍속에는 풍요를 기원하는 것이 가장 많고, 그 밖에 벽사(辟邪)와 미적인 측면에서 꽃을 풍속에 적용한 것 등이 주를 이루고 있다.

삼짇날 절기 음식

| 진달래화전 조선시대 최고의 봄날 시식 진달래화전은 '고려시대 가난한 정승이 딸을 시집 보낼 때 두견화(진달래)를 송이째 소금에 살짝 절여 꽃이 상하지 아니하도록 곱게 기름에 지져 대접하면서 생긴 음식문화'라는 기사가 있다(1939년 1월 5일자 동아일보).

『경도잡지(京都雜誌)』에도 "삼월 삼짇날 진달래꽃을 따서 찹쌀가루에 묻혀 떡을 만들어 참기름에 지진 것을 화전이라 한다."고 적고 있다.

이 화전놀이를 잘 나타낸 백호(白湖) 임제(林悌, 1549~1587)의 시가 있다. 그는 송도 명기 황진이의 무덤을 찾아 제사를 지냈다가 파직 당한 일화로 유명한 나주 사람이다. 지나가는 나그네에게도 진달래화전을 베푸는 인정에 감동한 풍류 시인은 즉석에서 시 한 수를 사례로 남겼다. 진달래화전을 먹으면서 꽃의 아름다움을 온 몸으로 느끼고 있음을 알 수 있다.

시냇가에 돌을 괴어 솥뚜껑 걸어 놓고 / 흰 가루에 맑은 기름으로 지진 진달래꽃 / 쌍젓가락으로 집어다 먹으니 향기는 입안 가득하고 / 한 해의 봄빛이 뱃속까지 비춰 드는구나.

봄 내음이 가득한 아름다운 음식 앞에 다양한 시가 넘쳐 난다.

곱고 따스한 천기에서 봄빛을 느끼고 / 금빛 수양버들엔 수만의 실 늘어졌네 / 곳곳에 꽃 지지는 향긋한 봄맛이 좋고 / 온산 그득히 진달래가 활짝 피었네.
– 최영년(崔永年, 1859~1935), 「자화회(煮火會)」

노산(鷺山) 이은상(李殷相, 1903~1982) 시인은 '전 지지고 시 짓고, 입에 물고 등에 꽂고' 풍류와 풍미를 즐길 수 있는 진달래를 한국인의 꽃, 한국인의 얼로 사랑했던 것 같다.

산의 꽃 진달래 산마다 피는 진달래 / 우리나란 산의 나라 진달래 피는 나라 / 봄이면 남북강산 이어 피는 진달래 / …… 진

달래 꽃잎 따다 전 지지고 시도 짓고 / 목동들 나무꾼들 입에
물고 등에 꽂고 / 마을로 봄바람 따라 내려오는 진달래.

– 이은상, 「조선 풍미(風味)의 진달래」

아름다운 꽃을 향기와 함께 먹을 수 있다는 건 즐거운 일이다.
우리 조상들은 예부터 꽃을 이용한 꽃 요리를 즐겼다. 이를 가리켜
'화식문화(花食文化)'라 한다. 꽃을 먹는 것은 꽃이 가지고 있는 뛰
어난 영양을 섭취하여 건강을 도모하기 위함이며, 꽃의 아름다움
즉 색채, 향기, 감촉, 계절감 등을 즐기기 위함이다. 그중에 '화전'
은 오래 전부터 만들어 먹던 꽃지짐으로 계절의 향취를 즐길 수 있
는 풍류 떡이다.

| 진달래화채 진달래화채는 꽃술을 뗀 진달래에 녹말을
입혀 살짝 데친 꽃잎을 오미자국에 띄운 화채다. 오미자(五味子)는
단맛·신맛·쓴맛·매운맛·떫은맛의 다섯 가지 맛[五味]을 지녔
는데, 갈증과 피로를 해소하는 데 도움이 되어 기력 보강제나 자양
강장제로 쓰인다.

국문학자 이훈종은 수필에서 "진달래 꽃잎에 녹말가루를 씌워
끓는 물에 담방 담갔다가 꺼내면 가루가 익어서 말간 꺼풀을 쓰고
그대로 있다. 그것을 마시면 녹말꺼풀은 혀끝에 매끄럽고 씹으면
쌉싸름한 게 본래의 진달래맛을 낸다."라며 진달래화채의 풍미를
읊고 있다. 혀에 매끄러운 감촉과 붉은 오미자물의 새콤달콤한 청

량감이 온몸을 훑고 지나가는 것 같은 음료다.

　| 두견화주　두견화주(진달래술)는 술독에 누룩과 고두밥을 섞어 꽃술을 뗀 진달래꽃을 켜켜이 넣고 담근 술이다. 사랑스러운 빛깔과 향기가 온몸의 구석구석까지 봄으로 물들게 하는 풍류술이다.

　진달래 꽃말은 '사랑의 기쁨'이라 한다. 진달래화전과 진달래주로 봄의 향취에 취해 보자. 모차르트 피아노 협주곡 21번은 감미로운 배경으로 깔아 두고.

4월

잎새달

여름이 시작되는 때

음력 4월

음력 4월은 여름이 시작되는 시기이다. 24절기 중 '입하' 와 '소만'이 들어 있으며, 부처가 탄생한 사월초파일(4월 8일)에는 연등행사가 성대하게 치러진다.

『농가월령가』「4월령(四月令)」에 농촌의 바쁜 풍경과 계절의 특성이 잘 드러나 있다.

사월이라 맹하되니 입하 소만 절기로다 / 비 온 끝에 볕이 나니 날씨도 청화하다 / 떡갈잎 퍼질 때에 뻐꾹새도 자주 울고 / 보리 이삭 패어 나니 꾀꼬리 소리 난다 / 농사도 한창이요 누에도 방장(方壯)이라. (중략) 앞 내에 물이 주니 천렵(川獵) 하여 보세 / 해 길고 잔풍(潺風)하니 오늘 놀이 잘되겠다 / 벽계수(碧溪水) 백사장을 굽이굽이 찾아가니 / 수단화(水丹花,연꽃)

늦은 꽃은 봄빛이 남았구나 / 수기를 둘러치고 은린옥척 후려 내어 / 반석에 노구 걸고 솟구쳐 끓여 내니 / 팔진미(八珍味) 오우정(五候鯖)을 이 맛과 바꿀소냐.

− 정학유,『농가월령가』「사월령」중에서

| 음력 4월의 절기와 풍속

| 입하(立夏) 24절기의 일곱 번째 절기인 '입하'는 양력 5월 5일경으로 '여름[夏]이 시작되는[立]' 날이다. 농작물이 무럭무럭 자라기 시작하며, 잡초를 뽑고 해충을 잡느라 농촌 일손이 분주해진다. 이제 밭의 봄나물 즉 냉이·씀바귀·민들레 등은 꽃을 피우고 씨를 맺어 먹을 수 없다.

| 소만(小滿) 24절기의 여덟 번째 절기인 '소만'은 양력 5월 21일경으로, 햇볕이 충만하고 만물이 점차로[小] 생장하여 가득 찬다[滿]는 뜻이다. 날씨가 불안정하여 갑자기 덥기도 하고 비바람이 불며 날씨가 추워지기도 한다. 소만을 전후하여 농촌에서는 농사일이 본격적으로 시작되는데, 대표적으로 모내기가 이루어지고, 보리를 수확한다.

음력 4월의 절식

| 천렵(川獵) 선조들은 물이 따뜻해지니 몇몇이 어울려 물고기를 잡아 천변에서 노구솥을 걸어 찌개를 끓여 먹는 재미가 아주 좋다고 하였다.

| 웅어회 정약전(丁若銓, 1758~1816)은 「자산어보(玆山魚譜)」에서 "맛이 지극히 감미롭고 짙어 횟감으로 상등품이다."라고 칭찬을 아끼지 않았다. 웅어는 4~6월에 가장 맛이 좋은데, 잃어버린 입맛도 단번에 자른다고 '도어(魛魚)'라고 했으며, 조선시대 궁궐에 진상하는 행주나루 특산품이었다. '갈대밭에 모여드는 물고기'라는 뜻의 '위어(葦魚)'라고도 부르는데, 한강 갈대밭이 사라지면서 웅어도 사라졌다고 한다. 낮에는 깊은 강물 속에서 활동하다가 저녁노을이 강가에 비추이면 물 위로 올라오는 특성이 있다.

생의 어두운 늪에서 따뜻한 등 하나 밝혀 두고

초파일

4월의 큰 명절은 4월 8일 초파일(燈夕節)로, 석가모니의
탄생을 연등(燃燈)하여 경축하는 날이다. 등을 달고 불을 켜는 명
절이라는 뜻으로, '연등절'이라고도 한다. 비단 불교신자가 아니더
라도 사랑하는 이의 이름을 한 자 한 자 눌러 쓰고 기도하듯 등을
켜고 싶은 날이다. 햇빛 쨍쨍한 날에 지등(紙燈)의 불빛이야 미미
하지만 생의 어두운 늪에 빠졌을 때 따뜻한 등 하나 밝혀 줄 사람
이 있다는 것은 얼마나 눈물겨운 위안인가.

사랑한다는 것은 / 이 세상에 / 등 하나를 밝히는 일이다 / 뒤
란에서 돌탑을 쌓아가듯 / 차마 소중한 이름으로 / 정한수 한
그릇을 뜨는 일이다 // 뻐꾸기 잦은 저 울음소리가 / 나무의
껍질 속에 잎을 피우듯 / 처마 끝에 매단 등불이 / 흔들려도 /

늘 순결하게 빛나는 / 하나의 눈빛이듯.

　- 졸시, 「등불을 켜는」

초파일 세시풍속

　| 연등행사 　울긋불긋한 연등 행렬로 화려한 사찰의 이 풍속은 고려 때부터 국가와 백성의 안녕과 복을 빌기 위한 행사에서 유래되었다. 이날은 절을 찾아 가족의 이름과 생년월일을 적은 등을 대웅전 앞에 달고, 재(齋)를 올리고 탑돌이도 하고 연등 행렬도 하였다.

　부처님 탄신을 축하하러 절에 올라간 사람들은 부처님께 기원하는 것 못지않게 정성껏 축원하는 곳이 있는데 절에 모셔 놓은 산신당과 칠성당이다. 사찰에서 토착신앙으로 깊이 뿌리 박힌 산신신앙, 칠성신앙의 축원 장소를 부처님보다 윗자리에 마련해 놓고 있는 것은 우리의 맥에 흐르고 있는 토착신앙의 보다 나은 축원 장소가 절이라고 공인하게 되었기 때문이다. 각 가정에서는 등대(燈竿)를 세우고 가족 수대로 오색 종이를 바른 등에 불을 밝혀 걸어 놓기도 했다. 그중에서 가장 밝은 빛을 내는 등이 가장 길하다고 하여 자기의 등이 밝기를 기대하며 밤을 지새기도 했다.

　초파일에 내거는 등은 식물 모양이나 동물 모양을 본 딴 것, 주위에서 흔히 볼 수 있는 사물의 모양을 본 딴 것 등 모양도 가지가지였다. 그중 가장 멋진 등은 뭐니 뭐니 해도 영등이었다.

영등은 안에 빙글빙글 돌아가는 기구를 설치하고, 사냥하는 말이나 개, 매, 쫓기는 범·승냥이·노루·사슴 등을 종이로 오려붙여 만든다. 바람이 불면 등 안의 기구가 돌아가면서 종이짐승들도 빙글빙글 돌아가 마치 쫓고 쫓기는 사냥터처럼 보였다 한다.

| 불교와 연꽃 초파일에는 불교를 상징하는 연꽃을 빼놓을 수 없다. 석가 탄생 때 오색의 연꽃이 마야 부인 주위에 피어 석가가 연꽃 위에서 탄생했다고 한다. 불교 전성기였던 고려시대의 『고려도경(高麗圖經)』에 의하면, 연꽃·연근·연밥까지도 부처님의 보좌로 인정하여 감히 손대지 못하게 할 만큼 신성시했다 한다.

부처님의 중생 구제를 상징하듯 더럽고 추한 곳에서 아름답게 피어나는 연꽃은 남다른 특징이 하나 있다. 일반적으로 대부분의 식물이 꽃이 핀 뒤에 벌 나비가 모여들어 수정이 이루어지고 꽃이 지면서 열매를 맺어 자손을 퍼뜨리는 반면, 연꽃은 개화와 동시에 씨가 들어선다. 이것이 연밥이다. 그런데 연꽃은 주로 뿌리로 번식하며, 굳이 연밥(연씨)으로 싹을 틔우지 않는다. 이러한 연꽃의 특성은, 꽃의 원인인 인(因)과 씨의 결과를 얻는 과(果)가 합쳐서 인과(因果)의 도리인 부처님 말씀을 증언하는 가르침을 우리에게 보여 주는 것이라고 한다. '인과응보(因果應報)'라는 말이 여기에서 기인한 것이다. 민속에서는 꽃과 씨가 거의 함께 이루어지는 연꽃

의 자연 생리현상 때문에 빠른 시기에 자손을 많이 얻는다 하여 구복(求福)의 상징으로 연꽃을 삼았으니 '연생귀자(蓮生貴子)'라 한다. 선한 민초들은 연꽃을 세속을 초월한 꽃으로 알고 살아간다.

송나라의 철학자 주돈이(周敦)의 「애련설(愛蓮說)」에 연꽃의 핵심이 잘 표현되어 있다.

> 진흙 속에서 났지만 더러움에 물들지 않고, 맑은 물에 씻겼어도 요염하지 않으며, 줄기가 곧고 덩굴지지 않고 가지도 치지 않는다. 꽃향기는 멀어질수록 맑아지며, 우뚝 선 깨끗한 모습은 멀리서 바라볼 뿐 가까이서는 볼 수 없으니 연꽃은 꽃 중의 군자다.

연은 중국이나 인도에서는 중요한 식량이었으며 약초 구실도 했다. 이것이 우리에게도 전해져 개성 있는 민속식으로 발전했다. 어린 연잎을 살짝 데쳐서 쌈으로 먹는 것을 '연화포'라 하고, 연뿌리에서 녹말을 낸 것을 '우분'이라 하여 경단도 만들고, 걸쭉하게 죽을 쑤어 마시기도 했다. 연뿌리로는 연근정과·연근저냐·연근죽·우분죽을 만든다. 연밥[蓮實]은 장아찌·연밥죽·연인죽[仁粥] 등을 만들고 약제로도 쓰였다. 우리 고유의 명주의 하나였던 연엽주(蓮葉酒)는 찹쌀과 누룩을 버무려 켜켜로 연잎을 넣어 빚는 독특한 향미의 술이다. 연꽃차는 향미를 즐기는 민속차이다. 반쯤 벌어진 연꽃 속에 진한 차를 부어 꽃향기가 배어나게 한다. 이것을

부처님의 중생 구제를 상징하듯 더럽고 추한 곳에서 아름답게 피어나는 연꽃은 개화와 동시에 씨가 들어선다.

따로 마련해 두고 차에 조금씩 넣어서 마시는 차로, 풍류가 넘친다.

| 봉선화 물들이기 4월의 민속 중에 '봉선화 물들이기'가 있다. 이 무렵이면 가난한 농가의 뜰에도 봉선화는 조촐하면서 소담하게 핀다. 한국인은 봉선화를 매우 좋아했다.『동국세시기(東國歲時記)』에는 '봉선화는 수분이 많은 꽃이다. 손으로 으깨면 바로 붉은 진물이 나온다. 그래서 젊은 각시나 소녀들은 봉선화로 손톱

을 물들이는 습속이 있다.'라고 적고 있다. 봉선화물을 들이면 손톱이 발갛게 예쁠 뿐 아니라 귀신을 쫓는 이중의 기능을 지니고 있다. 손톱 물들이기는 신부 얼굴에 연지곤지 찍는 것과 혼례식의 청실홍실 그리고 부적의 붉은 색과 같은 의미를 가진다. 이러한 민속은 원래는 벽사(辟邪)의 신앙에서 출발하였으나 이제는 매니큐어와 루즈를 바르는 미적인 효과만을 생각하게 되었다.

초파일 절기 음식

『농가월령가』「4월령(四月令)」에는 초파일의 절식인 느티떡, 볶은 콩에 대해 노래하고 있다.

> 파일날 현등(懸燈)함은 산촌에 불긴(不緊)하니 / 느티떡 콩찐이는 제때에 별미로다. (생략)
>
> － 정학유, 『농가월령가』「사월령」 중에서

| 소찬(素饌) 초파일날 절에서는 참배객에게 절 밥을 대접한다. 고기 없이 산채로 만든 음식을 내었는데 이를 '부처님 생신날 소찬(素饌)'이라고 했다. 그 밖에 이날의 음식으로는 볶은 콩이나 삶은 콩, 미나리나물, 느티떡 등이 있다. 느티떡은 느티나무의

연한 잎을 멥쌀가루와 섞어 흰 팥고물을 두툼하게 하여 찐 설기떡으로 '느티잎시루떡'이라고도 부른다. 느티가 없을 때는 상추를 넣고 찐다.

　부처님께 천 배, 만 배의 절을 할 때 검은콩으로 그 수를 헤아리기도 한다. 모인 콩을 볶아 석가탄신일에 길에서 만나는 사람에게 나누어 주면 좋은 인연을 맺게 된다는 것이다. '옷깃만 스쳐도 인연'이라는데 간절한 염원을 담은 기도의 염력이 있는 콩을 나눈다는 것은 특별한 인연을 짓는 일이라 믿었던 것이다.

보릿고개

봄은 입춘에서 입하까지의 시기를 말한다. 입하가 되면 본격적인 농사철이 시작되는데 남쪽에서는 못자리를 만든다. 음력 4월이면 보리 수확을 앞둔 배고픈 기간으로 보릿고개가 절정이다. 배고픈 아이들이 '십 리 벌판을 따라가도 먹을 게 없었다.'는 건 참으로 안타깝고 아픈 말이다.

들찔레 흰 눈처럼 소리도 없이 지고 / 삐삐꽃들이 하얗게 쉰 언덕들이 / 우리들의 발을 막았다. // 민들레 씨를 날리며 십 리 벌판을 따라가도 / 먹을 게 없었다.

– 송수권, 「보리누름」

대학 때 점심을 거르며 시인을 꿈꾸었던 사람의 글에도 보릿고

개라는 아픈 단어를 떠올리게 한다.

> 빈들 위에 흰 구름이 흐르고 / 그 뒤에는 우리가 오래 씹었던 풀뿌리 / 모양의 정든 고향 / 초근목피와 속삭여 잊으랴 어지러운 머리 / 젊음을 불태워 잊으랴 깊은 눈물 / 어즈버 초근목피여.
>
> — 윤후명, 「백부꽃잎의 기침소리」 중에서

『사기史記』에, '백성은 먹을 것을 하늘로 삼는다[民以食爲天].' 했다. 또 '식자명(食者命)'이라는 말처럼 생명의 근원은 먹는 데 있고, 인간의 가장 원초적인 목표는 굶어 죽지 않는 것이다. 백성에게 가장 중요한 것은 이념도 아니고 국가도 아니고, 먹고 사는 문제라는 것이다.

살림살이가 서리 맞은 오동잎처럼 식량은 바닥나고, 묵나물·김장김치도 동나고, 간장이나 소금도 떨어져 소금기 없이 죽을 먹기도 한다. 가난은 뽑고 뽑아도 지천으로 밭을 망치는 잡초처럼 끈질기게도 따라다녔다. 굳게 닫아 둔 사립문을 열어젖히고 봉창 문을 뚫고 들어와 나날이 목숨 줄을 갉아먹고 희망을 잠식해 버린다. 삶을 이어 가기 위한 최소한의 요건인 먹거리가 없는 보릿고개는 우리 조상들이 봄에 반드시 겪어야 할, 세상에서 가장 넘기 힘든 서글픈 고개였다.

울 엄니 나를 잉태할 적 입덧 나고 / 씨엄니 눈 돌려 흰 쌀밥 한 숟갈 들통나 / 살강 밑에 떨어진 밥알 두 알 / 혀끝에 감춘 밥알 두 알 / 몰래몰래 울음 훔쳐 먹고 그 울음도 지쳐 / 추스림 끝에 피는 꽃.

송수권 시인의 「며느리밥풀꽃」에서는 입덧 난 며느리가 쌀밥 한 숟갈을 먹다 들통나 떨어뜨린 밥알 두 알로 고단한 시집살이를 선연하게 보여 준다.

우리 꽃에는 슬픈 설화가 담긴 꽃이 많다. 여름이 되기 직전 핀다 해서 '입하목(入夏木)'이라고도 부르는 이팝나무 꽃도 모진 시집살이 끝에 죽어서 흰 꽃으로 피어난 한 여인의 슬픈 이야기가 담겨 있다. 묵은 곡식은 바닥나고 햇보리는 아직 여물지 않아 굶주림의 빈사 상태에 있을 즈음 탐스러운 흰 꽃으로 온통 덮여 있는 나무는 사발에 고봉으로 담긴 쌀밥으로 보였을 것이다. 농촌에서는 이팝나무 꽃이 만발하면 풍년이 들고 시들면 흉년이 든다고 했다. 그래서 이 나무 밑에서 이팝나무 꽃처럼 쌀이 풍성하기를 지성으로 기원했던 것이다.

험한 보릿고개를 근근이 연명하게 해 준 것은 산과 들에 많고 지천에 자라는 나물과 풀이었다. 쑥부쟁이 · 엉겅퀴 · 달개비 · 개망초 · 냉이 등등 봄철에는 백 가지에 달하는 풀과 나무의 어린 순 · 잎 · 열매 · 뿌리 · 나무껍질 등이 대표적인 구황식이었다. 먹거리의 역사는 굶주림의 역사이다. 계절은 생명의 기운으로 가득한데,

입하목으로도 불리는 이팝나무 꽃이 만발하면 풍년이 들고 시들면 흉년이 든다고 했다.

나물과 자줏빛 고사리, 메꽃 뿌리, 칡뿌리를 찾아 산야를 헤매는 흰
옷 입은 사람들로 산이 허옇다고 한다. 배고픔에서 살아남기 위한
처절한 몸부림이었다.

나물을 뜯는 사람으로 산야가 뒤덮여 있으며 져를 구해다가
나물과 죽을 쑤어 배를 채웠다. 사람들은 부기가 나 있고 사람
이 사는 즐거움을 잃은 지 오래이었다.

— 박만정(朴萬鼎, 1695), 「해서암행일기(海西暗行日記)」 중에서

가족끼리 누렇게 부황 뜬 얼굴로 서로를 바라볼 뿐 대물림하는 지긋지긋한 가난에는 나라님도 대책이 없었다.

농가의 젊은 아낙 먹을 것 떨어지니 / 빗속에 보리 베어 풀섶 사이 돌아오네 / 생나무 습기 먹어 연기조차 일지 않고 / 들어서자 아이들은 옷깃 끌며 우는구나.

이달(李達, 1539~1612)의 「농가 이야기[田家行]」이다. 굶주림에 지쳐 보채는 아이들을 위해 엄마는 빗속에 풋보리를 베어 온다. 땔감으로 주워 온 생나무는 잔뜩 물기를 머금어 불이 붙지 않는데, 배고픈 아이들은 엄마 옷을 잡아 끌며 운다. '자식은 세상을 버틸 힘과 세상의 모든 무게를 함께 얹어 준다.'라고 하지 않는가.

산촌에서는 며느리를 고를 때 "아가! 너 나물 노래 아냐? 나물 노래 한번 불러 봐라."라고 했다. 많은 나물을 알고 있으면 식솔들 굶어 죽지는 않는다고 믿어 며느리로 삼았다는 것이다.

칩다꺾어 고사리 / 나립다 꺾어 고사리 / 어영꾸부정 활나물 / 한푼두푼 돈나물 / 매끈매끈 기름나물 / 돌돌말어 고비나물 / 칭칭 감어 감둘레 / 잡아 뜯어 꽃다지 / 쏙쏙 뽑아 나생이 / 어영 저영 말맹이 / 이 개 저 개 지칭개 / 진미색승 잣나물 / 만병통치 삽주나물 / 향기만구 시금치 / 사시장춘 대나무
- 서울 지방, 「나물노래」

울 나가면 울꼬사리 / 이산저산 번개나물 / 머리 끝에 댕기나
물 / 상투 끝에 동곳나물 / 뱅뱅 도는 돌개나물 / 빛조흔 뱁춤
나물 / 오리도리 삿갓나물 / 줄기 조흔 미역초 / 맛조은 곤두
소리 / 보기조흔 호무치 / 방구새이 더덕나물/ 니리가면 닐꼬
사리……

— 영천 지방, 「나물노래」

민요학자 임동권은 "민요는 백성들이 그들의 생활을 소박하게
부른 민중의 노래다. 백성들의 생활과 감정이 거울처럼 반영되어
있어 조상과 자신의 모습이 스며 있다."고 했다. 민요에 많은 나물
노래가 전해져 오는 것은 그 만큼 나물은 우리 먹거리에서 특별한
위치를 차지해 온 비상식량이며 구황식품이었다.

몇 해 전 강원도가 친정인 제자가 물었다.
"지독하게 가난하다는 말을 뭐라고 하는지 아세요?"
"글쎄? 우리 할머니는 '그 집 똥구멍이 짝 찢어지게 가난하다.'라
는 말씀을 하시곤 했는데. 그건 쌀 한 톨도 없다는 의미의 과장법
이 아니었을까?"
제자의 말로는 첩첩 산으로 둘러싸인 강원도에서 아이가 나서
시집가기 전까지 쌀 한 말 정도 먹었다면 괜찮게 사는 집이라는 것
이다. 강원도 산골에서 먹는 곤드레나물은 고려엉겅퀴를 말한다.
'가시나물'이라고도 부르는데, 가시가 연한 어린잎을 나물이나 국

거리로 쓰고, 밥도 지어 먹는다. 보릿고개 즈음 이집 저집의 양식은 바닥나 없고 곤드레나물에 거나 보리쌀 한 줌을 넣고 된장을 풀어 끓인 죽을 어른도 한 대접, 아이도 한 대접으로 배고픔에 눈가림을 한다. 내내 허기진 배를 멀건 나물죽으로 채우면 섬유소가 많은 산나물의 특성상 장을 훑어내 설사를 하게 된다. 며칠 계속 설사를 하게 되면 항문이 헐어 피가 나게 된다. 그래서 "그 집 똥구멍이 쫘~악 찢어지게 가난하대."라는 말이 나왔다는 것이다.

예전에는 화장실을 측간이라 하여 밖에 있었다. 가까운 이집 저집의 측간에서 "쫙~ 쫘-악" 하는 아픈 소리를 서로 들을 수밖에 없었다는 것이다. 어머니, 아버지가 겪어 온 배고픈 참상을 담담히 이야기하는 그녀의 눈시울은 젖어 있었다. 나는 가볍게 떨리는 그녀의 손을 잡아줄 뿐 아무 말도 할 수 없었다. 요즈음 곤드레밥은 강원도의 대표적인 음식으로 관광객들이 별식으로 먹지만 이렇게 서글픈 음식 이야기를 알고 있을까?

> 흰죽사발에 / 맑은 낮달을 눈물로 헹구다 / 송화 따러 간 누이는 / 돌아오지 않는데 / 청솔바람 가득 안고 송화가 핀다 // 해마다 보릿고개 힘이 겨워서 / 송기 벗겨 눈물로 채우던 설움 / 설움덩이가 옹이로 불거져도 / 송화를 잘도 피워 내는 조선 소나무 / 이 고장 마음색 피고 / 누이의 살결 같은 송화가 핀다.
>
> ─ 임홍재,「송화 필 무렵」

소나무 껍질까지 벗겨 먹어야 했던 궁핍한 살림과 고단한 시절의 설움이 노란 송홧가루로 핀다. 멀건 '흰죽사발에 낮달을 눈물로 헹구는' 애잔함이 읽는 이의 마음을 오래 붙든다. 점필재 김종직의 시에서 보릿고개의 참상을 소나무가 자신의 껍질까지 백성들의 식량으로 내 주는 보시라고 했다. 나무의 보시로 연명하는 삶이 참으로 눈물겹다.

　　　　뼈만 앙상한 소나무 천 그루 만 그루
　　　　흉년에 일찍이 제살을 아끼지 않았구나.

　　지구상의 어떤 민족이 우리 조상들처럼 나무껍질까지 벗겨 먹었는지 나는 알지 못한다. 평강공주가 온달을 처음 만났을 때 온달은 산에서 먹을거리로 느릅나무 껍질을 벗겨 오는 길이었다. 가난은 이렇게 뿌리가 깊어, 몇 십 년 전까지만 해도 초근목피로 춘궁기를 넘겼다는 이야기가 상식처럼 통하던 때가 있었다. 풍요로워진 시대인 지금 보릿고개란 옛이야기 속 먼 이야기가 아니다. 조상들이 겪었던 굶주림의 역사를 잊어서는 안 된다. 우리 음식 속에 담긴 삶의 애환을 읽고, 조상들이 어떻게 살았는지를 아는 것은 결코 가난을 대물림하지 않겠다는 다짐을 새기는 일이다.

5월

푸른달

화려한 계절의 시작

음력 5월

'오월 농부, 팔월 신선'이라는 말이 있다. 음력 5월은 농부들이 땀 마를 날이 없지만 오곡백과 무르익은 8월이 되면 수확한 농작물로 신선처럼 지낼 수 있다는 뜻이다. 음력 5월은 일 년 중에 양기가 가장 성하다는 단오 명절과, 24절기 중 '망종'과 '하지'가 들어 있다.

유박(柳璞, 1730~1787)의 『화암수록(花菴隨錄)』에는 농사철에 바쁜 오월의 풍경이 그림처럼 담겨 있다. 들밥을 내갈 아낙은 '대낮 방아질 다급한데' 비는 오고 도롱이옷 입고 농사일 배우는 선비는 빗속에 핀 꽃을 바라본다.

개구리 마구 울고 대낮 방아질 다급한데 / 물을 대고 밭 갈면서 농사일을 배운다네 / 도롱이옷 입고 돌아와 처마 밑에 서서

보니 / 십여 가지 이름난 꽃 빗속에 피었구나.

— 유박, 「오월 십일」

음력 5월의 절기와 풍속

| 망종(芒種) 양력으로 6월 6일경이며, 음력으로는 4월에
나 5월에 걸친다. 망종의 '망(芒)'은 '까끄라기'라는 뜻으로, 벼나
밀, 보리와 같이 수염이 있는 곡식을 파종하는 때다. 망종이 지나면
밭보리가 더 이상 익지 않으므로 무조건 베어야 한다는 의미로 '보
리는 망종 삼일 전까지 베라.'라는 속담이 생겼다고 한다. 이날 보
릿가루로 죽을 끓여 먹으면 배탈이 없다는 풍습이 있다. 망종이 일
찍 들면 보리농사에 좋고, 늦게 들면 나쁘다는 말도 있다. 이 시기
에 반딧불이 나타나며, 매화나무가 열매를 맺는다.

| 하지(夏至) 양력 6월 21일경으로, 일 년 중 낮이 가장
긴 날이다. 햇감자가 나오고, 이 시기가 지날 때까지 비가 오지 않
으면 마을마다 기우제를 올렸다. 하지 무렵에 늦보리와 감자, 마늘
을 수확하며, 강원도 지역에서는 파삭한 햇감자를 쪄 먹거나 갈아
서 감자전을 부쳐 먹는다.

음력 5월의 절식

| 두레밥 농사나 고기잡이가 한층 바쁠 때에는 집에 가서 점심을 먹지 못하고 야외에서 들밥을 먹게 된다. 농부들이 농번기에 공동으로 일을 하면서 함께 나누어 먹는 밥을 '두레밥'이라고 하였다. 조선시대 아낙네들은 봄철 모심을 때나 가을철 수확기에 하루에 서너 차례 두레밥을 장만해야 했다. 두레밥 풍속은 두레를 짜서 농사일을 협력해 온 미풍양속에서 비롯된 식사 풍습이다.

> 아기 어멈 방아 찧어 들바라지 점심 하소 / 보리밥 파 찬국에
> 고추장 상치쌈은 / 식구를 헤아리구 넉넉히 능을 두소.
> – 정학유, 「농가월령가」 「오월령(五月令)」 중에서

| 증편(蒸編) 쌀가루에 좋은 막걸리 술을 넣어 반죽하여 발효시켜 부풀린 뒤에 시루에 찐 떡이다. '증병', '술떡', '기주떡'이라고도 한다. 더운 날씨에도 잘 쉬지 않아 더운 계절에 주로 해 먹는다.

| 앵두 『농가월령가』 「오월령」의 "오월오일 단옷날 물색(物色)이 생신(生新)하다. 앵두 익어 붉은 빛이 아침볕에 눈부시다."라는 대목처럼 단오 무렵엔 앵두 등 신선한 과일이 제철을 맞

앵두는 단오 무렵이 제철이다.

는다.

　앵두는 우리나라가 원산지로, 예전에는 과실 중에서 일찍 나는 것으로 종묘의 제물로 귀하게 여겼다. 앵두의 새큼한 맛은 유기산으로, 몸속 신진대사를 돕고 피로를 풀어 주는 효능이 있다. 또한 앵두에는 정장 효과가 있는 펙틴이라는 성분이 많아 젤리나 잼을 만들기에 좋으며, 앵두술은 향미가 독특하고 색깔도 아름답다.

　　－ 앵두화채　앵두화채는 씨를 뺀 앵두를 설탕이나 꿀에 재워 두었다가 오미자 국물에 넣어 먹는 청량음료로, 전통 여름 음

식이다.

| 오미자　오미자는 여름을 대표하는 차로, 신맛·쓴맛·단맛·매운맛·짠맛의 다섯 가지 맛을 가지고 있기 때문에 '오미자(五味子)'라고 부른다. 심장의 왕성한 기운을 억제하고 쇠약해진 콩팥의 기운을 보충해 주며 기운을 돋우고, 진액이 빠져나가는 것을 막아 준다. 당나라 때의 명의 손사막의 평가는 오미자의 효능을 단적으로 말해 준다. "여름철에는 늘 오미자를 복용하여 오장(五臟)의 기운을 보충해야 한다."

| 준치　준치는 단오 때 먹는 살이 연한 고급 생선이다. 얼마나 맛있으면 '썩어도 준치(낡거나 헐어도 가치 있는 것을 가리킨다)'라는 말이 생겼을까.

민가에서는 준치 머리 쪽의 뼈로 새의 형상을 만들고 주둥이에 앵두를 물려 처마 끝에 매달아 두면 새가 된다는 풍습이 있다. 그래서 옛날 할머니들은 가시도 그냥 버리지 않았다.

준치국은 가시를 제거한 살과 다진 고기를 합하여 둥근 완자를 빚어 끓인 국이다. 준치 살에 밀가루에 여러 번 굴려 만든 준치만두 또한 별미다. 송나라의 유연재(淵材)는 한(恨)을 다음과 같이 표현했다.

죽는 것이 한스럽지 않으나 다섯 가지가 한스러워 못 죽겠네.

첫째 한이 준치에 가시가 많다는 것이요, 둘째 한이 금귤이 너무 시다는 것이요, 셋째 한이 순채가 너무 차다는 것이요, 넷째 한이 모란꽃에 향내가 없다는 것이요, 다섯째 한이 홍어에 뼈가 없다는 것이다.

풍류 문인을 한탄하게 한 준치는 훈계용 선물로 쓰였다. 가시가 살 속에 온통 박혀 있어, '맛있다고 먹어 대면 가시가 목에 걸리는 불행이 닥친다'라는 상징적 의미를 담아 사대부 사회에서 선물로 주고받았다. 친지나 친구가 권력과 명예, 재물에 치우치면 불행이 닥친다는 상징적인 선물로 보내 경계했다고 한다.

단오

한국 고전소설 중 최고의 걸작으로 꼽히는 『춘향전』에서 성춘향과 이몽룡이 만난 날은 단오날이었다.

때는 오월 단옷날이렸다. 천중지가절(天中之佳節)이라 이때 월매 딸 춘향이도 시서음률(詩書音律)이 능통하니 천중절(天中節)을 모를쏘냐. 추천(그네뛰기)을 하려고 향단이를 앞세우고 내려올 제 난초같이 고운 머리 두 귀를 눌러 곱게 땋아 봉황새 긴 비녀를 단정해 매었구나. 비단치마를 두른 허리는 힘 없이 드리운 가는 버들같이 아름답다……

중국의 고서 『태평광기(太平廣記)』에는 부부의 인연은 천상의 월하노인(月下老人)이 청실홍실을 한 가닥씩 엮어 이어 준다고 한다. 단오의 정취를 찾아 나선 춘향과 이몽룡의 광한루에서의 연분도 이미 정해진 인연이었을까. 사랑을 지키는 고난과 신분을 초월한 사랑 이야기가 시간을 뛰어넘어 감동을 주는 것은 많은 사람들이 순수한 사랑에 그 만큼 갈증을 느끼고 있기 때문일 것이다. 덧없는 세월에도 춘향의 넋은 대숲에 푸르게 남아 있는데, 해는 기울어 노을이 깔리고 오작교에 서서 옛시조를 읊는다.

> 석양녘에 천천히 누각에 올라 보니 / 어느덧 광한루에는 달이 솟았구나 / 춘향 낭자의 꽃다운 절개는 천추에 빛나건만 / 황량한 오작교에 나그네 마음만 애달프구나.
> － 석정 정창운

신록의 푸름이 아름다운 5월 5일을 단오, 수릿날(戌衣日, 신의 날), 천중절(天中節)이라 한다. 이날은 홀수가 겹치는 날 중에서도 일 년 중 양기(陽氣)가 왕성한 날이라 하여 명절로 여겨 왔다. 가정에서 단오 차례를 지내고, 들판에 나가 음식을 나눠 먹으며 하루를 즐겼다. 새색시가 처음 맞는 단옷날에는 특히 화사한 옷을 입고 머리에 화관을 써 첫 나들이를 축하해 주기도 했다.

단오는 중국 초나라 회왕 때의 충신 '굴원(屈原)'을 기리는 제사에서 비롯되었다고 한다. 굴원은 나라가 망한 것을 한탄하며 멱라수에 뛰어들어 자결했는데 그날이 5월 초닷새였다. 그 뒤 해마다 굴원의 영혼을 위로하기 위해 제사를 지냈고 이것이 우리나라에 전해져 단오가 되었다고 한다. 단오를 '수릿날'로 부르는 이유는 '단오날 밥을 수뢰(水瀨, 열왕물의 여울)에 던져 굴원의 제사를 지냈기 때문이라고 정조 때의 『열양세시기(洌陽歲時記)』는 기록하고 있다.

| 단오 금기 '단오에는 부부가 동침하지 말라.'라는 말이 있다. 이날 아이를 잉태하거나 아이가 태어나면 부모를 해친다고 믿었기에 태어난 아이를 버리는 일까지 있었다. 만물이 왕성하게 자라고 사람도 혈기 방장할 때이므로 남녀 교접을 삼가라는 뜻이다. 태봉국을 세운 궁예도 이날 태어나서 버림을 받았다고 한다.

|
단오 세시풍속

| 대추나무 시집보내기[嫁樹] 단오날 오시(正午)에 대추나무가 있는 집에서는 대추나무 가지 사이에 '양석(陽石)'이라 부르는 돌을 끼워 놓는다. 시집보낸다는 것은 성적 결합을 의미하는데, 결실이 풍부해지기를 기원하는 주술적 풍속으로, 과학적인 근거가 있다고 한다. 줄기 중간에 돌을 끼워 놓으면 잎에서 만들어진 당분이 아래로 내려가는 것을 막고, 잎과 줄기를 무성하게 하는 질소 성분이 뿌리에서 위로 올라가는 것을 줄여 주어 대추나무 열매

가 잘 맺힌다는 것이다.

| 씨름　신라와 고려시대 때부터 단오절에 씨름 시합을 했다. 씨름은 개인간의 경기로, 특별한 도구가 필요하지 않고, 몸에 상처를 거의 내지 않고 기(氣)를 집중하는 경기이다. 고려 사람들은 단오절 시름판에뿐서만 아니라 마당이나 강가 모래밭, 풀밭에서도 씨름을 했다고 한다. 농촌에서는 두레의 일환으로 씨름판을 벌였는데, 고된 노동으로 지친 몸과 마음을 놀이로 푸는 한편 힘센 농사꾼을 가려내는 방법이기도 했다.

| 단오선(端午扇)　조선시대 단오날 임금이 재상과 시종들에게 하사한 부채이다. 공조(工曹)에서 부채를 만들어 바치면 임금이 이것을 각 궁(宮)에 속한 재상과 시종들에게 하사했다. 민가에서는 미리 만들어 두었다가 단오날에 선물로 주고받았다. 합죽선이나 접는 부채가 아닌 단선에도 그림과 글씨를 써서 부채를 받은 사람은 '단오선'이라 하여 소중하게 간직하였다.

| 그네뛰기　단오 잔치 가운데 그네뛰기가 그 절정을 이룬다. 여자들은 쓰개를 벗어던지고 시원스럽게 그네를 뛰었다. 다시 『춘향전』에서 방자가 춘양을 이 도령에게 데려가려 하는 대목을 들어 보자.

광한루 경치를 구경하는데, 그네를 매고 네가 뛰어 외씨 같은 두 발길로 흰 구름 사이에서 노닐 적에 붉은 치맛자락이 펄펄, 흰 속옷갈래 동남풍에 펄렁펄렁, 박 속 같은 네 살결이 흰 구름 사이에 희뜩희뜩한다. 도련님이 이를 보시고 너를 부르시니 내가 무슨 말을 한단 말이냐. 잔말 말고 건너가자.

시냇가 버들 흐늘흐늘 춤추는데 '흰구름 사이로 노니는' 그네 뛰는 모습은 더 없이 매혹적이었을 것이다. 그래서 시인들은 여인들이 그네를 뛰는 장면을 보고 "선녀가 인간 세상에 하강하였다."라는 구절을 즐겨 사용했나 보다.

조선의 실학자 박제가(朴齊家, 1750~805)는 봄나들이 나온 처녀가 그네를 탈 때 벌어진 치맛자락과 드러난 버선목을 봄노래[春詞]에 담았다.

그네 줄 능청 하늘을 차라 / 바람 안은 두 소매 활등 같구나 / 높이만 오르려다 치맛자락 벌어져 / 수놓은 버선목이 그만 드러났네.

| 창포물에 머리 감기 빙허각 이씨의 『규합총서(閨閣叢書)』에 보면, 대칼로 얇게 저민 창포 뿌리나 창포 가루로 세숫물이나 머리 감는 데 쓴다 했다. 머리를 맑게 하고 피부나 머리칼이 고와지는 효과가 뛰어나 "창포 가루 한 됫박이면 마음이 흔들리지 않

「단오풍정(端午風情)」, 신윤복. 단오에 여인들이 그네를 타고 개울에서 머리를 감고 있다.

을 기생이 없다."라고 할 만큼 귀한 물건이었다고 한다. 또 아침 일찍 상추 잎에 맺힌 이슬을 받아 세수를 하면 얼굴이 고와진다는 풍습도 있었다. 참고로, 창포는 물가에서 자라는 여러해살이풀로, 굵고 흰 뿌리가 옆으로 뻗어 가며, 뿌리와 잎에서 짙은 향기가 나고, 꽃은 그다지 볼품이 없다. 화투의 난초 그림인 꽃창포와는 다른 식물이다.

신윤복의 풍속화 「단오풍정」에는 여인네들이 계곡물에 웃옷을 벗고 치마를 걷어 올리고 목욕하는 것을 어린 동자승들이 숨어서 구경하는 모습이 나온다.

정약용은 열다섯 살에 풍천 홍씨를 만나 6남 3녀를 낳았으나 아들 둘과 딸 하나만 남고 요절했다. 그가 유배 첫해에 어린 딸을 그리며 쓴 시에서 창포를 이용한 단오 풍속을 엿볼 수 있다.

내 어린 딸아이 단오날에 / 깨끗하게 씻어 새 단장하고 / 붉은 모시 치마에 / 머리엔 푸른 창포를 꽂았지. / 절 연습하는 맵시는 단정하고 어여뻐 / 술잔을 올리며 기쁜 미소 지었는데 / 오늘 같은 단오날에는 어느 누가 / 손바닥의 구슬을 달래 줄 것인가.

| 단오 벽사 음력 오월. 무더운 여름의 신 염제(炎帝), 신농씨(神農氏)와 불의 신 축융(祝融)이 위엄을 떨치는 무더운 계절이 시작되니 기력이 쇠약하여 갖가지 병이 많다. 따라서 원기를 회복하고 질병에서 벗어나기 위해서 여러 가지 벽사법(辟邪法)이 필요했다.

첫째, 부정을 쫓고 길함을 막기 위한 부적인 천중부(天中符)를 붙인다. 둘째, 창포를 사용한다. 셋째, 약으로 쑥·익모초·떡을 먹는다. 넷째, 단오제를 지낸다. 다섯째, 일기로 풍작을 점친다. 여섯째, 농악의식을 하는 등 계절과 관련시켜 벽사 신앙이 뚜렷이 나타

창포는 물가에 나는 여러해살이풀로, 뿌리와 잎에서 짙은 향기가 난다. 굵고 흰 뿌리는 옆으로 뻗어 가며,
꽃은 볼품 없다.

나 있다.

    - 창포 벽사 어린이들은 단오빔으로 새 옷을 입고 귀신을
쫓는 의미로 남자아이에게는 창포 뿌리로 칼을, 여자아이에게는
호로병(목이 잘록한 조롱박) 모양이나 인형을 깎아 주어 차고 다녔
다. 단오날 아침 일찍 창포 잎을 추녀 끝에 꽂거나 문에 빨간 부적
과 쑥을 걸어 놓는 풍속도 있었다.

  창포의 흰 뿌리로 비녀를 만들어 '수복(壽福)'이라는 글자를 새

겨 머리에 꽂기도 했는데 이때 주사(朱砂)를 바르면 사악한 기운을 내쫓고 병마를 막아 준다고 믿었다(작은 머리털이 떨어진 비녀에 두루 있는 것은 모든 액이 떨어졌음을 상징한다). 또 비녀 양쪽에 마치 싹이 돋아나는 모습처럼 창포 잎을 붙여 봄의 소생이 가져다 주는 희망의 표지 역할을 겸했다.

유만공(柳晩恭, 1793~1869)의 『세시풍요(歲時風謠)』에 다음과 같은 구절이 있다.

> 단오 옷은 젊은 남자에게 잘 맞으니 / 가는 모시베로 만든 홑 치마에 잇빛이 선명하네 / 꽃다운 나무 아래에서 그네를 다 파 하고 / 창포뿌리 비녀 떨어지니, 작은 머리털이 비녀에 두루 있구나.

 - 단오쑥 한방에서는 단오날 오시(午時)에 뜯은 쑥이 약효가 좋다 하여 쑥과 익모초를 응달에 말려 일 년 내내 약으로 썼다. 쑥과 익모초가 식물이 귀신을 쫓는다 하여 민속적으로 더욱 애용되었다.

 - 옥추단 단오날 궁중 내의원에서는 왕에게 옥추단(玉樞丹)과 제호탕을 만들어 바쳤다. 옥추단은 오색실로 꿰어 차고 다니면 재액이 제거된다고 했다. 이는 약물의 성분이 지니는 효능보다 귀신을 쫓는 의도가 더 강하게 각인되어 있다.

단오 절기 음식

단오날에는 실하게 자란 창포 뿌리로 술을 담가 두고 먹었다. 고려시대 『목은집(牧隱集)』에 "창포 배금 술잔에 창꽃이 떠 있다."라는 글이 있는 것으로 보아 창포주가 고려의 단오 절식임을 알 수 있다. 식욕 증진 · 건위 · 진정 · 피로 해소 효과가 있고 특히 강정 효과가 뛰어나지만 한꺼번에 많은 양을 마시면 메스꺼워지므로 주의해야 한다. 창포로 떡도 만들고 김치도 담가 먹었다고 한다.

| 제호탕   단오날, 궁중 내의원에서는 왕에게 옥추단(玉樞丹)과 제호탕(醍醐湯)을 만들어 바쳤다. 제호탕은 단오날 궁중에서 먹던 건강음료이다. 오매(烏梅) · 축사(縮砂) · 백단(白壇 · 사향(麝香) 등의 약재를 곱게 갈아 꿀을 넣고 달여 두면 응고 상태가 되는데 이것을 냉수에 타서 마신다. 속이 시원하고 향기가 오래 남는 일종의 청량음료이다. 여름에 더위를 이기고 갈증이 가시면서 전신이 상쾌해지는 효과가 있다고 했다.

| 수리취절편[車輪餠]   '수리'는 우리말의 수레[車]를 뜻하고 단오날을 수릿날이라고 한다. 수리취절편은 멥쌀가루에 파랗게 데친 수리취를 섞어 찐 다음 수레바퀴 문양의 떡살로 찍어 낸 떡이다. 수리취 대신 쑥을 넣은 떡은 '애엽고(艾葉餻)'라 한다.

6월

누리달

음력 6월

중국의 가장 오래된 의학서인 『황제내경(皇帝內徑)』에는 "여름 석 달은 '번수(蕃秀)'라 한다. 하늘과 땅의 기운이 교감하여 만물이 꽃을 피우고 열매를 맺는 시기이다. 이때는 늦게 자고 일찍 일어나 일을 하고 마음은 느긋하게 하는 게 좋다. 이것이 여름철에 기를 기르는 방법이다."라고 했다. 여름철의 더위는 만물을 번성하게 하는 필수 과정으로, 마음을 느긋하게 하고 순응하는 생활을 하면 오장육부에 기(氣)를 기를 수 있다는 의미이다.

음력 6월에는 24절기 중 '소서'와 '대서'가 들어 있으며, 유두 명절을 지낸다. 그리고 음력 6월과 7월에 걸쳐 삼복이 있다. 삼복은 무더위가 기승을 부리는 때로, 해로운 균이 번성하여 음식이 빨리 상하고 질병을 앓기 쉬울 때니 늘 몸을 깨끗이 하고 음식을 조심해야 한다.

유월이라 늦여름 되니 소서 대서 절기로다 / 큰 비도 때로 오
고 더위도 극심하다 / 초록이 무성하니 파리 모기 모여들고 /
땅 위에 물 고이니 참개구리 소리 난다 / 봄보리 밀 귀리를 차
례로 베어 내고 / 늦은 콩 팥 조 기장을 베기 전에 심어 놓아 /
땅 힘을 쉬지 말고 알뜰히 이용하소.

— 정학유, 『농가월령가』「유월령(六月令)」 중에서

음력 6월의 절기와 풍속

| 소서(小暑)　'작은 더위'라는 뜻의 소서는 양력 7월 7일
경으로, 차츰 더워지기 시작한다. 우리나라는 이 무렵에 장마가 시
작되어 습도가 높고 비가 많이 온다. 농촌에서는 논두렁의 잡초를
뽑는 때다.

| 대서(大暑)　'큰 더위'라는 뜻의 대서는 양력으로 7월 23
일경이다. 우리나라에서는 장마가 끝나고 더위가 기승을 부리는
중복 무렵에 해당된다. "대서에는 염소 뿔이 녹는다."라는 속담이
이 절기의 특징을 함축하고 있다. 아직 잡지 못한 풀과 마지막 전
쟁을 치르는 철이다. 이 시기가 지나면 가을 냄새가 바람에 실려
오는 입추 절기가 온다.

농사 명절

유두

음력 6월 15일은 유두날로 '농사 명절'이다. 우리의 귀중한 풍속도인 『농가월령가』 「유월령(六月令)」에는 철따라 변하는 농삿일에 인정과 시식(時食)이 담겨 있다.

삼복은 속절이요 유두는 가일(佳日)이라 / 원두밭에 참외 따고 밀 갈아 국수하여 / 가묘(家廟)에 천신하고 한때 음식 즐겨 보세 / 부녀자는 헤피 마라 밀기울 한데 모아 / 누룩을 디디어라 유두면을 혀느니라…….

— 정학유, 『농가월령가』 「유월령」 중에서

유두란 말은 '동류두목욕(東流頭沐浴)'의 준말이다. 우리말로 '물맞이'라고 한다. 동쪽으로 흐르는 물에 머리를 감고, 음식을 준비하여 산이나 물가에서 자연을 즐기면서 노는 풍류 놀이를 말한다. 옛사람들은 동쪽은 해가 뜨는 방향으로 생명의 방위요, 희망의 방위로 믿었다. 흐르는 물에 모든 재앙을 흘려 보내고 좋은 일만 있기 바라는 소박한 믿음과 계절의 변화에 의미를 부여하여 쉴 줄 아는 여유가 있다.

유두 세시풍속

| 유두 천신 참외 · 오이 · 수박 등의 햇과일, 밀국수와 밀떡을 만들어 가묘에 바쳤다. 수수피 나락을 가묘에 바치는 일을 '천곡(薦穀)'이라 하였는데, 보리로 단술을 빚어서 바치기도 했다.
　가정에서는 밥과 나물을 자신의 논과 밭으로 가지고 가서 "우리 농사 장원하게 해 주시오." 하고 빌기도 한다.

유두 절기 음식

| 보리개떡 떡이라면 으레 쌀가루로 만드는 것으로 알고 있으나 유월유두 명절만은 통밀이나 보리쌀을 확에 넣고 찧어서

떡을 만들어 먹는다. 벼농사에 한창 바쁜 계절에 맞이하는 유두 명절은 명절 차비를 할 시간이 없어서인지, 아니면 보리 농사를 마친 뒤여서인지, 껍데기가 섞여 있는 채로 반죽하여 손바닥처럼 넓혀서 채반 위에 놓고 솥에 쪄 내는 개떡이다. 색이 검푸르고 밀 껍데기가 보이며 떡은 우둘투둘하여 곰보 같다. 밀가루로는 칼국수나 수제비를 빚어 먹고 부침개 정도만 해 먹던 가정에서도 이날만은 가루 껍질째 그대로 보리개떡을 해 먹는다.

　 | 유두면 　귀한 밀가루 대신 메밀가루로 만든 칼싹두기를 먹다가 특별히 밀로 만든 칼국수를 먹는 때가 있었으니 바로 보리와 밀 수확이 끝나는 무렵인 유두날이다. 햇밀로 칼국수와 지짐을 부쳐 이웃과 나눠 먹었는데 국수를 먹으면 장수한다 했다. 칼국수는 귀한 밀가루에다 품이 많이 드는 사치스런 음식으로 일 년에 한두 번 먹을 수 있는 시절 음식이었다.

백석은 국수를 '부드럽고, 수수하고 심심하고 반가운 것'으로 표현하고 있다.

　아, 이 반가운 것은 무엇인가 / 이 히수무레하고 부드럽고 수수하고 심심한 것은 무엇인가.
　─ 백석, 「국수」 중에서

우리 선조들은 국수에 많은 기원을 담았다. 어른 생신날 점심상의 국수는 실타래처럼 긴 장수, 돌상에는 아이의 무병장수를 기원했다. '국수를 먹는다'는 말이 결혼을 뜻하는 표현이 된 데는 두 사람의 인연이 국수처럼 길기를 바라는 마음이 담겨 있다.

고려시대만 해도 국수는 선택 받은 사람만이 맛 볼 수 있었던 별식이었다. 상류사회에서 제사 때 면을 쓴다는 것과 절간에서 국수를 만들어 팔았다는 기록이 있다. 『고려사(高麗史)』의 기록을 보면 송나라를 왕래했던 스님들이 국수를 도입하여 절간 음식으로 먹었는데 국수는 '스님을 미소 짓게 만든다' 하여 '승소(僧笑)'라고 했다. 국수 문화는 사대부의 봉제사접빈객(奉祭祀接賓客)과 잔치음식 덕분에 발달했다. 우리나라 기후에는 밀농사가 맞지 않아 고려 때만 해도 밀가루는 중국에서 수입해 온 귀한 것이었다. 때문에 가난한 서민들은 잔치 집에서나 국수를 맛볼 수밖에 없었다.

조선시대 후기에 와서 국수 문화는 다양하게 발달하였다. 국수는 메밀가루와 밀가루 외에도 칡·마·청포·물쑥·밤·수수·생강·감 등의 재료로도 만들었다. 그 밖에 백합 뿌리로 만든 백합국수, 진달래꽃 가루를 녹말에 섞어 만든 꽃 국수, 마른 새우를 갈아 섞어 만든 홍(紅)국수, 연실이나 연밥으로 만든 연밥국수, 갈대뿌리의 녹말을 섞은 노분국수, 꿩이나 닭고기를 다져 녹두녹말에 섞어 만든 진주죽수, 흙국수까지 만들어 먹었다. 평양 잡약산 기슭에 부드러운 흙이 있어 떡을 빚고 국수를 빼어 먹었는데 그 흙 빛깔이 푸르스름했으며 그 맛은 달지도 쓰지도 않았다고 한다. 그 산 곁으로 지나가게끔 되어 있는 역졸들이 배가 고프면 이 흙으로 국수를

빼 먹고서 달리곤 했다고 『평양속지(平壤續志)』에 적혀 있다. 흙국
수는 진기가 있는 쌀가루나 보릿가루를 섞어 뽑았을 것이다. 흙으
로 국수를 뽑아 먹을 수밖에 없었던 뼈저린 가난이 가슴 아픈 한편
으로 국수 문화의 다양성에 놀라지 않을 수 없다.

국수 국물도 다양했다. 약수에 간장만 풀고 국수를 말아 먹는
소(素)장국은 물맛에 따라서 육수보다 맛있다고 했다. 육수는 주로
꿩고기 국물을 썼으며, 쇠고기 국물을 육수로 쓴 것은 극히 근래의
일이다. 강원도 산간지방의 국수는 덩구룩국, 국수를 삶아 찬물에
건졌다는 안동의 건진국수 등 이름도 맛도 재미있다.

| 수단(水團)·건단(乾團) 멥쌀가루나 찹쌀가루를 쪄서
떡을 만든 뒤 길게 비벼 구슬처럼 떼어 오미자국이나 꿀물에 타 먹
는 것을 '떡수단'이라고 부른다. 경단을 만들어 꿀물에 넣지 않고
그냥 먹는 것은 '건단'이라고 한다.

『목은집(牧隱集)』에서는 수단에 대해 "백설같이 흰 살결에 달고
신맛 섞였더라."고 읊고 있는데 이는 오미자의 새콤한 맛을 일컫는
듯하다.

『지봉유설(芝峯類說)』에 따르면, 옛날 괴화(회화나무)잎을 냉수
에 띄워 먹던 '괴엽냉[槐葉]' 풍속처럼 나쁜 액운을 떨쳐 버리기 위
함이라 한다.

| 미만두 더운 계절에 먹는 만두로, 쇠고기·표고·오이

로 만든 소를 넣어 만든다. 해삼처럼 주름을 많이 잡아 빚었다 하여 붙여진 이름이다. 대궐에서는 '규아상'이라 부르며, 담쟁이 잎을 깔고 찐 만두에 초장을 곁들인다.

| 미수(米水) 여름에 서민들이 가장 많이 먹는 음료는 미싯가루이다. 미싯가루는 뭉친 열을 흩어 주어 더위로 지친 몸을 돕는다고 한다. 찹쌀이나 보리쌀을 쪄서 볶은 뒤 빻아서 가루로 만들어 여름철에 꿀물에 타서 마신다. 식사 대용 효과가 있다.

무더위를 건강하게 즐기는 문화

삼복

삼복(三伏)은 음력 6월과 7월 사이에 있는 초복(初伏), 중복(中伏), 말복(末伏)을 말하는데, 일 년 중 습기가 가장 많고 무더위 또한 제일 심하다. 복날[伏]에 대해 '양기에 눌려 음기가 엎드려 있는 날'이라고 표현할 정도로 더위와 습기에 지치는 때이다. 예전에는 6월에는 문병을 삼갔다. 문병을 하면 환자의 병이 잘 낫지 않는다고 여겼는데, 과학적인 시각에서 보면 여름철에 잘 발생하는 역질의 전염을 막고, 바쁜 농사일에 주지 않겠다는 의미가 있다.

서양에서는 삼복을 '개의 날(dog's day)'이라고 한다. 삼복 때가 되면, 겨울철 남쪽 하늘에 나타나는 별자리인 큰개자리가 낮에 태양과 함께 떠오른다. 이 큰개자리에 가장 밝은 별 시리우스가 속해 있는데, 서양인들은 시리우스 별의 열기가 태양과 합쳐져 무더위가 이어진다고 믿어 '개의 날'이라고 불렀다고 한다.

신윤복의 풍속화 「납량만흥(納凉漫興)」. 여름날 산그늘에서 풍류를 즐기는 한때

삼복 절기 풍속

| 복놀이 복날에는 더위를 피하여 산수 좋은 곳을 찾아가
찬물에 발을 담그고 더위를 잊는다. 우물 속에 넣어 서늘하게 식힌

과일을 즐기기도 하고, 팥죽을 쑤어 더위를 이겼는데, 잡귀를 쫓아 열병을 예방하려는 축원이 담겨 있다. 예부터 서민들은 삼복에 땀을 뻘뻘 흘리면서 개장국을 먹는 복놀이를 즐겼다.

— 개장국을 먹는 풍습 복날 절식으로 개장국을 먹는 풍습에 대하여 사마천은 『사기(史記)』에 기술하였다. "진(秦) 덕공 2년에 삼복에 제사를 지내는데 이때 개를 잡아 사대문에 걸어 충해를 막았다."는 기록이 그것이다. 한여름에 개의 몸에 모기, 파리가 들끓는 것을 보고 전염병을 옮기는 해충을 없애기 위해 개를 죽였다는 것이다. 『주례(周禮)』에는 개를 제사의 희생물로 쓰고 있으며, 중국의 오경 가운데 하나인 『예기(禮記)』에는 "가을에 천자(天子)가 개고기를 먹고, 종묘제사에 반드시 개고기를 쓴다."고 했다. 이처럼 개고기를 먹는 풍습은 한나라 때까지 활발하다가 '충견(忠犬)'의 개념이 퍼지면서 개의 식용을 멀리하게 되었고, 청나라 때 기록에는 개고기에 대한 기록이 보이지 않는다.

한국 음식학의 대가 이성우(李盛雨)는 『한국요리문화사』에서 "중국의 주(周) 및 춘추시대에는 개고기를 많이 먹었고 공자도 개고기를 먹었으니 조선시대의 유학자들은 개고기를 먹는 것에 대하여 아무런 저항감이 없었다."라고 적고 있다.

문화인류학자 마빈 해리스(Marvin Harris)는 유럽에서 개고기를 먹지 않는 이유를 "개는 고기 공급원으로서 효율성이 떨어진다. 유럽에서는 쇠고기·돼지고기 등 육류 공급이 충분하여 굳이 개를 도살해 섭취할 필요가 없었기 때문이다."라고 했다.

A. H. 새비지 랜도어(Arnold Henry Savage Landor, 1865~1924)가 지은 기행문 「고요한 아침의 나라 조선」(1895)에는 흥미로운 부분이 있다. 한국에서 개고기를 즐겨 먹는 이유를 개를 식용으로 기르기 때문이라고 하였다. 한국에서 개는 해마다 두세 차례 새끼를 낳는다. 한 번에 보통 6~10마리의 강아지가 태어나는데 자라는 속도가 빠르고 기르기도 쉽다. 가난한 가정에도 두세 마리의 암캐가 있어서 적어도 매년 30~40회 개고기를 먹을 수 있을 만큼 새끼를 낳는다. 농사일에 필요한 소는 가축 이상의 의미가 있고, 힘든 노동에 지친 서민들에게 번식력이 좋은 개가 매우 적합한 영양 보충원이었다는 것이다.

삼복 절기 음식

| 보신탕 『동의보감』에는 "개고기는 성질은 따뜻하며 독이 없다. 오장을 편하게 하며 혈액을 조절하고 장·위를 튼튼하게 한다."고 했다. 한의학에서는 개고기는 매우 더운 성질의 식품으로 양기를 돋우고 더위로 지친 몸의 허한 곳을 보충한다고 한다. 누런 개[黃狗]를 개고기 중에서 제일로 치는데, 한방에서는 '지양(地洋)'이라고 해서 이것 세 마리가 물개(海狗) 한 마리의 양기에 해당한다고 한다. 또한 보신탕의 효과에 대해 '허한 것[虛寒]'을 보하고 뱃

속을 덥게 하며, 위장의 기능을 도와 양기를 좋게 한다.'라고 한다. 선천적으로 손발이 차고 안색이 창백하며 소화가 안 되는 사람에게는 둘도 없는 자양강장제라는 것이다.

오행설로 보면, 개는 성질이 더운 화(火)이고, 삼복더위인 복(伏)은 금(金)으로, 화가 금을 누르므로 개고기를 먹어 더위를 이겨낸다는 원리이다. 복중에 몸을 보하고 땀을 흘려 이열치열(以熱治熱)로 더위를 다스린다는 것은 우리 조상들의 슬기라고 하겠다.

삼복이면 낮이면 뜨거운 날씨에 부대끼다가, 밤이면 모기·빈대·벼룩 등에 시달려 잠도 제대로 자지 못하여 식욕마저 떨어져 몸이 몹시 쇠약해진다. 이때 값이 싸고, 가장 손쉽게 얻을 수 있었으니 가난한 사람들이 먹기 시작한 음식인 것 같다. 게다가 사람 근육에 가까운 아미노산 조성을 가진 좋은 단백질을 섭취할 수 있으니 영양 보충에 매우 좋은 서민의 영양식이다. 개장국을 '보신탕'이라 부르는 것은 영양학적으로 볼 때 과장된 것은 아니다.

개고기는 살구씨와 함께 먹으면 주독을 풀 수 있지만 너무 많은 마늘과 함께 먹으면 시력이 약해진다고 전한다. 누린내가 많은 개고기를 요리할 때는 차즈기 잎을 넣으면 냄새를 없애고 고기의 독을 없애는 데 유효하다. 들깻잎·들깨·후추 등 향신료를 많이 쓰는데 이것들이 식욕을 돋우고 소화를 도와주는 간접적인 효과도 크다.

| 콩국수 콩국수는 여름철 서민들의 또 하나의 보양식이

었다. 입맛이 없는 삼복더위에 콩국수는 입맛을 돋워 줄 뿐 아니라 지친 심신에 활력을 주는 음식이다. 황해도 지방에서는 질이 좋은 수수가 많이 나므로 경단을 만들어 콩국에 띄우기도 한다.

우리나라에서 언제 콩국수를 먹기 시작했는지는 정확히 알 수 없으나, 1800년대 말에 나온 『시의전서(是議全書)』에 콩국수와 깨국수가 나오는 것을 보아 꽤 오래 된 음식임을 알 수 있다.

| 임자수탕 여름철 양반들이 즐겼던 깨국탕은 '임자수탕(荏子水湯)'이라고도 한다. 깨를 곱게 갈아 만든 뽀얀 국물에 푹 삶은 영계 국물을 섞어 만드는 임자수탕은 고소하고 영양이 풍부한 냉국이다.

| 육개장 서민들은 싼값에 어디서나 구할 수 있는 개장국을 먹고 관리층에서는 육개장을 먹었다. 개고기 대신 쇠고기를 주재료 사용한 육개장은 19세기 말이 되어서야 비로소 양반가의 밥상 위에 올랐다. 육개장은 쇠고기 양지머리를 푹 삶아 찢어서 양념을 하여 다시 국물에 넣고 끓인다. 건더기로 고사리 · 토란대 · 숙주 등을 넣기도 하고, 여기에 파를 큼직하게 갈라 넉넉히 넣고 고춧가루를 기름에 개어 넣어 맵게 끓인다. 역시 주술의 뜻을 가지고 있다.

| 계삼탕 여름철 보양식으로 영계를 맹물에 푹 곤 것을

'영계백숙'이라 하며, 여기에 황기·백삼 또는 찹쌀과 마늘을 넣어 푹 삶은 것이 계삼탕(鷄蔘湯)이다. 조선시대 궁중에서는 검은색 음식을 보양식으로 여겼는데, 숙종 임금은 오골계 삼계탕을 즐겨 먹었다고 한다. 1960년대 대중적인 음식으로 판매되던 계삼탕이 '삼계탕'으로 이름이 바뀐 것은 닭고기보다 인삼을 전면에 내세우겠다는 상술이었다. 요즘도 삼복이 되면 삼계탕은 여전히 보양음식으로 환영받고 있다. 미식가로 알려진 일본 소설가 무라가미 류(村上龍, 1952~)는 삼계탕을 이렇게 극찬했다.

수프는 담백한데, 닭은 젓가락만 갖다 대도 살이 떨어질 정도로 부드럽게 삶아져 있고, 인삼의 강렬한 향기도 풍기는, 단순한 음식이 아니라 생명을 입속에 넣는 듯한 느낌을 준다.

| 민어탕 '복더위에 민어찜은 일품, 도미찜은 이품, 보신탕은 삼품'이라는 말이 있다. 더위에 지친 기력을 회복하기 위해 먹는 보신 음식 중 도미나 보신탕을 능가한다고 알려져 있다. '국민 물고기'인 민어(民魚)는 우리나라 서민의 생활과 밀접한 관계가 있다. 서울은 한강을 끼고 있어 어종이 풍부하여 복(伏)날에 주머니가 얇은 선비들이나 반가에서는 민어탕으로 '복달임'을 하였다. 민어 매운탕은 고추장을 풀어 넣은 장국에 양념하여 끓인다. 한여름 쌈에 곁들여 먹으면 뜨겁고 얼큰한 맛이 일품이다.

| 복죽 복날에 붉은 팥과 쌀로 죽을 쑤어 먹기도 하는데 '복죽'이라 한다. 이것은 열병을 예방하는 주술적인 의미가 있다.

〈 6월의 사색 〉

시간에 따라 햇살과 구름의 빛깔이 다르고, 바람의 감촉은 변한다. 천 년 만 년이 지나도 청년인 자연과 스러짐으로 애달픈 삶을 생각한다. 빛은 시들고 풀리지 않은 시름과 삭이지 못한 뉘우침으로 울지라도, 저 울창한 여름 산을 베고 눕는다면 죽는 것이 억울할 것 같지 않다.

덥다. 그러나 이 뜨거운 햇살이 곡식을 영글게 하듯, 오늘의 노고가 수확으로 돌아올 것을 믿자. 한 번뿐인 생의 농사를 정직하게 짓고 싶다. 여름날 칸나처럼 불꽃 같은 열정으로.

7월

견우직녀달

온갖 과일이 무르익는 때

음력 7월

'여름에 하루 놀면 겨울에 열흘 굶는다.'라는 속담이 있을 정도로 한국인에게 여름은 일하는 계절이다. 결실을 기대하며 분주히 벼를 가꾸는 농부의 삼베옷은 땀에 흠뻑 젖었고, 숲이나 강가 정자에 나가 앉아 차 한 잔에 시 한 수 풍류를 즐기는 양반네의 모시적삼엔 서늘한 합죽선 바람이 들었다. 다산 정약용(1762~1836)의 시에 더위를 쫓는 매미소리가 반가운 여름 숲에서의 한적한 여유가 드러난다.

적막함 가득한 숲 속 첫 매미소리 들리니
괴로운 지경이 다 지나 이 세상이 아니다.

음력 7월에는 칠석과 백중 명절이 있고, 24절기 중 '입추'와 '처서'가 들어 있다. 절기 이름이 시사하는 것처럼, 무더위 속에서도 언뜻 가을 기운이 느껴지기 시작한다.

음력 7월의 절기와 풍속

| 입추(立秋) 양력 8월 7일경으로, '가을[秋]이 시작되어 [立]' 서늘한 바람이 불기 시작한다. 이날 농촌에서는 김장용 배추와 무를 심는다.

| 처서(處暑) 양력 8월 23일경으로, '더위[暑]가 물러가고 [處]' 아침저녁으로 서늘하여 일교차가 심해진다. 이 무렵에 벼가 익기 시작하며, 조상의 묘를 찾아가서 벌초한다. 여름 내내 눅눅했던 옷가지와 이불을 햇볕에 말린다.

| 탁족 탁족(濯足)은 흐르는 물에 발을 씻는다는 뜻으로, 남녀노소 누구나 즐겼던 우리네 여름 풍속이다. 선비들은 탁족을 심신을 씻어 낸다는 상징으로 인격 수양의 한 방법으로 여겼다.

음력 7월의 절식

7월의 시식은 갖가지 제철 과일, 나물, 각종 부각·튀각·묵 등의 사찰음식, 민어지짐, 깻국탕, 떡국 등이다. 정학유는 『농가월령가』에서 각종 밑반찬을 마련하는 데 적당한 시기라고 노래하였다.

소채 과실 흔할 적에 저축을 많이 하소 / 박 호박고지 켜고 외가지 짜게 절여 겨울에 먹어 보소 / 귀물이 아니 될까.

\- 정학유, 『농가월령가』, 「칠월령(七月令)」 중에서

| 열무김치 열무(熱無)는 '어린 무' 또는 '더위[熱]를 없앤다[無]'는 뜻이며, 비타민과 무기질이 고루 들어 있어 한여름에 땀으로 빠져나간 무기질을 보충해 주는 최고의 채소이다. 건고추를 성기게 갈고 찐감자를 으깨어 양념한 감자열무물김치는 여름철 원기 회복을 돕는다. 남쪽지방에서는 절인 열무에 풋고추와 보리밥, 고추를 확에 툭툭 쪼개듯 갈아서 청고추열무김치를 담근다. 김치 색깔은 푸르스름한 연한 풀빛이고 국물은 약간 거칠고 걸죽하여 소박하다. 얼큰하고 시원한 이 김치는 국물을 넉넉히 부어 국수나 밥을 말아 먹어도 좋다. 열무는 무와 마찬가지로 전분을 분해하는 효소가 풍부하여 한여름 국수를 먹을 때 열무김치를 곁들이면 최

고의 음식 궁합이 된다.

　　| 제철 과일(참외 · 수박 등의 여름과일)　참외는 오이보다 맛과 향기가 좋다는 뜻에서 '참외'이다. 삼국시대부터 재배하기 시작한 과일로 더위에 먹는 과일 중 일품으로 친다. 또 한여름 수박 화채는 더위를 쫓는 데 으뜸이다. 수박을 반으로 갈라서 숟가락으로 동글동글하게 떠내어 얼음을 넣고 차게 만든다. 수박은 고려 때 원나라를 통해 들어왔는데, 겉과 속의 모양이 다른데다 오랑캐가 가져왔다고 해서 조선 초기까지는 먹지 않았다고 한다.

시간의 베틀에서 삶을 짜는

칠석

음력 7월 7일 칠석(七夕)은 동쪽의 견우성과 서쪽의 직녀성이 일 년에 단 한 번 은하수에 놓인 오작교를 건너서 만나는 날이다. 오랜 기다림 끝에 오는 짧은 만남과 이별. 견우와 직녀가 만남의 기쁨과 이별의 슬픔으로 흘리는 눈물 때문에 이날은 대체로 날이 흐리고 비가 온다고 한다.

민요학자 임동권은 '민요는 민족의 생활상을 노래한 민족 공동의 시(詩)'라고 했다. 칠석 노래의 한 대목을 들어 보자.

우리 서로 사랑타가 / 옥황님께 죄를 지어 / 님은 강 건너 서쪽마을 / 이내 몸은 강 건너 동쪽에서 / 일 년 한 번 만날 날이 / 오날밖에 없었구나 / 전생차생 무슨 죄로 / 각분 동서 헤어져서 / 일년일도 상봉인가. (중략) 닭아 닭아 우지 마라 / 네가

울면 날이 새고 / 날이 새면 임은 간다 / 이제 다시 이별하면 /
일 년 삼백육십 일에 / 임 그리워 어이 살지······

　— 칠석요(七夕謠) 중에서

칠석 세시풍속

　| 칠석 글짓기　서당에 다니는 학동들은 견우와 직녀를 주
제로 글을 지었고, 선비들 또한 견우성과 직녀성을 주제로 시를 지
으며 술잔을 나누었다.

　| 걸교제(乞巧祭)　칠석날 밤에, 부녀자들이 바느질감과
음식을 마당에 차려놓고 바느질 솜씨가 좋게 해 달라고 기원했다.
또 칠석날 밤에 별빛 아래에서 바늘에 실을 꿰는데, 한 번에 꿴 바
늘을 간직했다가 과거 보러 가는 사람의 옷에 몰래 꽂아 두면 꼭
합격한다고 믿었다. 견우와 직녀의 만남과도 같은 의미이다.

　| 칠성제　볕이 좋을 때 옷과 책을 말리고, 집집마다 우물
을 퍼내어 청결히 한 다음 시루떡을 쪄서 우물 앞에 두고 집안의
평안을 빌었다. 또 칠석에 내리는 빗물을 약수라 여겨서 약수터나
폭포수 등을 찾아 목욕을 하는 풍습이 있었다.

| 남녀 상열(男女相悅) 속설에, 칠석날 밤에 남녀가 동침하여 사내아이를 낳으면 효자, 계집아이를 낳으면 열녀가 된다고 하였다. 칠석은 특별히 남녀 교접의 날로 인정했다.

칠석 절기 음식

칠석날은 밀전병·밀국수·시루떡·잉어 음식·오이김치·과일 화채를 만들어 먹는다. 밀 음식은 여름철 주식의 하나다. 긴 여름 해에 쌀과 보리가 동나면 밀가루나 메밀가루로 국수를 만들어 별미로 먹었다.

| 밀전병 밀전병은 보통 '전'이라고 부른다. 묽게 반죽한 밀가루에 호박·부추·파 등을 썰어 넣고 기름을 두른 번철에 지져 낸다. 찬바람이 일기 시작하면 밀가루 음식은 즐기지 않으므로 이때가 마지막 밀 음식 향연이기도 하다.

| 오이김치 오이는 아삭아삭 씹히는 질감과 산뜻한 향기로 여름철 밥상에 변화와 풍족감을 더해 준다. 선조들은 '외소김치'라 하여 오이소박이를 먹었다. 오이로 만들 수 있는 김치로 오이깍두기와 오이비늘김치가 있다. 오이비늘김치는 오이에 비늘처

럼 칼집을 넣어 무소를 채운 시원한 김치이다. 조선시대 최고의 술 안주는 닭김치였다. 삶은 닭살을 찢어 익은 오이깍두기에 버무려 얼음에 채웠다가 먹는데 산뜻하면서도 감칠맛이 일품이었다.

| 과일 화채 복숭아화채 등 제철 과일로 만드는데, 과일을 갈아 즙을 내고, 과일 조각을 건더기로 띄운다. 수분과 비타민이 풍부한 과일로 땀을 흘려 부족해진 수분과 비타민을 보충한다.

| 호박과 민어 민어가 좋은 철이니 고기와 호박을 넣어 맵게 전을 부치고, 말려서 암치로 준비한다.

〈 칠석의 사색 〉

요즘 사람들은 오랜 기다림으로 사랑을 지키는 견우와 직녀가 답답하다고 할지도 모른다. 그러나 누군가를 사랑하여 가슴 저려 본 사람은 안다. 사랑이 얼마나 쓸쓸하고 벅찬 고통을 동반한 짧은 행복인가를. 눈부신 햇살도, 다투어 피는 꽃도, 사랑하는 단 한 사람이 없으면 아무 의미가 없다는 것을. 거부할 수 없는 사랑은 끝없는 갈망과 번민, 때론 상처로 남지만 우리는 그 사랑의 힘으로 아파도 살아가는 것이 아닌가. 시간의 베틀에서 자신의 삶을 짜는 우리들. 칠석날만은 영원한 그리움을 꿈꾸어도 좋을 것 같다, 견우와 직녀가 되어.

떠난 사람을 회상하고 기도하는 날

백중

음력 7월 15일은 백중(百中), 백중절, 우란분회 또는 '망혼일(亡魂日)'이라 한다. 우리의 명절이 살아 있는 사람을 위한 축제라면 이날만은 죽은 자를 위한 날이다. 죽은 사람의 영혼이 하늘나라에서 인간 세상으로 내려온다고 하여 모시는 진혼제이다.

부처님의 제자인 목련존자는 돌아가신 어머니가 아귀들이 사는 지옥에 계신 것을 보고 음식을 싸 들고 가 바쳤다. 그런데 어머니가 음식을 입에 넣으려고만 하면 입에 불길이 솟구쳐 음식이 새까만 숯으로 변해 버렸다. 목련은 부처님께 울부짖으며 부탁했다. "네 어머니는 지은 죄가 무거워 한 사람의 힘으로는 어찌할 수 없다. 그러나 여러 스님들과 중생들이 함께 힘을 모으면 가능할 수도 있다. 7월 15일에 지옥에서 고통 받는 부모를 위해 좋은 음식과 과일을 갖추어 그릇에 담아 올리고 제사를 지내도록 하라.”

목련의 어머니가 아귀의 고통에서 벗어나자 사람들이 돌아가신 부모님을 위한 제사를 지내고자 하여 우란분(범어의 Ullambana)회를 열었다고 한다. 불가에서는 천도제인 ‘우란불공(盂蘭佛供)’을 올려 망혼을 극락으로 인도한다. 민가에서는 달밤에 채소와 과일, 술과 밥을 차려 놓고 망자의 혼을 불러 명복을 빌어 준다. 이때 연잎에 찰밥을 싸서 쪄 삼보에게 공양하여 죽은 사람의 고통을 구원하고자 하였는데, 이것이 조상의 영혼에 음식을 공양하여 추수를 고하고 은혜를 갚는 행사로 발전하였다.

백중 세시풍속

| 농악(農樂) 백중절은 농경시대 전형적인 농사 명절이다. 이때쯤엔 힘든 농사일도 거의 끝나 호미를 거둘 때가 되었다. 7월 보름을 전후하여 마을 형편에 따라 하루를 ‘머슴날’이라 하고 ‘호미 씻기’를 한다. 농사가 잘된 집에서는 머슴을 뽑아 상을 내리고 술로 노고를 위로해 준다. 농민들은 농악(굿)으로 피로를 덜고 작업 능률을 올렸던 것은 물론이거니와 농경의례에서 자신들의 소

박한 의식이었다. 정월에 잡귀를 물리치고 제신들에게 기원하는 매구(埋鬼)굿, 마을 수호신에게 축원하는 당산굿, 모심을 때 상사 소리를 아는 모내기굿, 김매기굿 등은 노작 형태의 농악이었다. 이 것은 무속인이 주도하는 굿판과는 다르다. 호남지방은 연중 세시 풍속과 더불어 좌도, 우도 농악이 발달했다.

| 백중놀이 백중놀이는 순수하게 머슴이 중심이 되는 놀 이이다. 백중날 머슴들은 장터로 나가 씨름대회에 참가하였고, 장 터에는 음식 장사, 술장사 등 난장(亂場)이 섰다. 머슴들은 씨름에 이기면 송아지를 끌고 기세 등등 자기 마을로 돌아왔다.

| 벌초 농민들은 겨울 휴한기인 정월 대보름과 여름 휴한 기인 백중에 성대한 축제를 즐겼다. 대보름은 지금까지 풍습이 이 어지지만 백중 풍속은 거의 잊혀졌다. 백중 무렵 추석을 앞두고 조 상의 묘소 벌초하는 정도이다.

| 기우제 음력 7월은 가뭄이 계속될 때가 많다. 쫙쫙 벌어 지는 논바닥을 보다 못한 농부들은 이곳저곳에서 기우제를 올린 다. '불을 피우면 뜨거운 연기가 하늘로 올라가는데 그 공기 자리 를 메우기 위해 비구름이 모여들다 보면 비가 내리게 된다는 원리 를 이용하는 것이다.

백중 절기 음식

| 부각 · 퇴각 부각은 제철에 풍부한 채소나 해초에 찹쌀풀이나 밀가루를 묻혀서 말려 기름에 튀긴 것이고, 퇴각은 찹쌀풀을 바르지 않고 그대로 튀긴 반찬을 말한다. 부각은 흔히 김 · 다시마 · 깻잎 · 가죽나뭇잎 · 동백잎 · 국화잎 · 깻송이 등으로 만든다. 대부분 가을볕이 좋을 때 준비하여 주안상이나 귀한 손님상에 올렸다. 찹쌀 풀을 발라서 말린 것이라 기름에 넣으면 하얗게 부풀어 바삭하며 고소하다.

가죽부각은 4~6월경에 참가죽나무의 어린잎을 따서 데치거나 쪄서 고춧가루 찹쌀풀을 발라 말려서 튀긴다. 향이 아주 독특한 남도의 향토음식이다.

| 흰떡국 궁중에서는 정월에 남겨 둔 흰떡을 다시 불려서 떡국을 끓여 먹었는데, 더위를 이기기 위해 겨울음식을 여름에 다시 먹는 것이다.

〈 백중절의 사색 〉

존 클레어(John Clare)는 「삶이란 무엇일까?」라는 시에서 "흐르는 모래시계 / 아침 해에 걷히는 안개 / 부산하지만 반복되는

꿈"이라고 노래한다. 삶은 모래시계만큼이나 짧고, 아침 해에 걷히는 안개처럼 허망하다. 삶의 중심에 죽음의 씨앗을 품고 있는 것이 모든 생물 종들의 운명이다.

살면서 가장 견디기 힘든 일은 사랑하는 사람을 잃는 것이다. 부모를 잃은 사람들, 뜻하지 않는 사고나 병으로 자식을 먼저 보낸 이들은 못다 준 사랑에 대한 후회와 자책으로 슬픔은 배가되는 것이다. '사랑은 언제나 떠난 뒤에야 그 깊이를 알 수 있다'는 말 속에는 잃고 난 뒤에야 진실하게 느끼게 되는 사랑의 속성을 말하고 있다.

롤랑 바르트(Roland Barthes)는 어머니를 잃고 「애도일기」를 2년간(1977.10.25.~ 1979.9.15.)이나 적는다. 애도는 대체할 수 없는 관계의 상실로 인한 고통과 슬픔에서 벗어나지 못하고 잠겨 있는 상태이다. 하지만 시간이 흐르면서 가슴에 팬 고랑은 차츰 메워지고, 결국 슬픔을 넘어 자신에게로 돌아온다.

구스타프 페히너(Gustav T. Fechner, 1801~1887)는 "씨앗은 터질 때가 되면, 식물은 갑자기 낱낱으로 흩어진다. 그 순간 씨앗은 껍질 속에 갇혀 그렇게 오랫동안 좁게 누워 있던 상태가 파괴되는 것처럼 느낀다. 그러나 시실은 새 생명을 얻는다."고 한다.

우리는 죽음으로 더 넓은 우주로 나아가는 것이라는 말도, "우지 마라, 냇물이여, 언젠가는 한 번은 떠나는 것이란다 / 우지 마라 바람이여, 언젠가는 한 번은 버리는 것이란다 / 계곡에 구르는 돌멩이처럼 / 마른 가지 흔들리는 나뭇잎처럼 삶이란 이렇듯 꾸꾸는 것……."이라는 오세영의 시 「언제인가 한 번은」도 위로가 되지 않는다.

> 오늘은 죽기 좋은 날 / 나를 둘러싼 저 평화로운 땅 / 마침내 순환을 마친 저 들판 / 웃음이 가득한 나의 집 / 그리고 내 곁에 둘러앉은 자식들 / 그래, 오늘이 아니면 언제 떠나가겠나.
> – 타오스 인디언에게 전해지는 시

백중날만이라도 영원히 떠난 사람을 아름답게 회상하고 기도하는 사람들이 많기 바란다. 더 이상 기대할 수 없는 막막한 내일로 사는 것이 참담하다 해도 삶은 그 자체로 의미가 있는 것이 아닐까. 사랑하고 사랑 받으며 살다간 사람만이 누릴 수 있는 여유로움을 닮고 싶다. 언젠가 자연으로 돌아가는 날 늙은 타오스 인디언처럼 '오늘은 죽기 좋은 날'이라고 생각하며 떠나고 싶다.

8월

타오름달

가을 느낌이 완연해지는 때

음력 8월

음력 8월에는 밤에 기온이 내려가고, 대기 중의 수증기가 엉켜서 풀잎에 이슬이 맺혀 가을 느낌이 완연해진다. 『농가월령가』 「팔월령(八月令)」에 8월의 정취가 잘 드러난다.

팔월(八月)이라 중추(仲秋)되니 백로 추분 절기로다 / 북두성 자루 돌아 서쪽하늘 가리키네 / 선선한 조석 기운 추의가 완연하다 / 귀뚜라미 맑은 소리 벽간에 들리누나 / 아침에 안개 끼고 밤이면 이슬 내려 / 백곡(百穀)을 성실(成實)하고 만물을 재촉하니 백곡을 성실하고 만물을 재촉하니. (생략)

8월에는 우리 민족의 고유한 명절인 추석 그리고 24절기 중 '백로'와 '추분'이 들어 있다.

음력 8월의 절기와 풍속

| 백로(白露) 양력 9월 8일경으로, '이슬[露] 맺힌 것이 하얗게[白] 보인다'는 의미다. 장마가 끝나고 쾌청한 날씨가 계속되며 가을 기분이 들기 시작하는데, 때로 늦은 태풍의 피해를 입기도 한다.

| 추분(秋分) 양력 9월 23일경으로, 춘분으로부터 꼭 반년째 되는 날이다. 낮과 밤의 길이가 같아지며, 이 날이 지나면 점차 밤이 길어져 계절은 겨울을 향해 간다. 논밭의 곡식을 거두어들이고, 각종 채소와 산나물을 말려 둔다.

음력 8월의 절식

| 닭찜 이 즈음은 닭이 살이 올라 맛있으므로 닭으로 찬을 많이 하고 특히 닭찜을 한다. 우리나라에서는 '사위가 오면 씨암탉을 잡는다.'라는 말이 있을 정도로 닭을 귀히 여겼고 비상 접객용 식품으로 이용했다.

| 배숙 배에 통후추를 박아서 생강물에 끓인 음료로, '배 수정과'라고도 한다. '향설고'라는 음식은 작은 배를 통째로 후추를 박아서 생강차에 넣고 끓인 음료이다.

| 느름적 도라지 · 햇버섯 · 고기 등을 꼬치에 꿰어 화양적을 만들거나 옷을 입혀서 지짐누름적을 만든다.

달 가득 차니 한가위

추석

음력 8월 15일은 추석은 '가위', '한가위', '가배(嘉俳)', '가배일(嘉俳日)', '중추(仲秋)', '중추절(仲秋節)', '중추가절(仲秋佳節)'이라고 부른다. '달이 가득 찬다', '완(完)' 뜻을 지니고 있으며, 이는 소원 빌기와 연결하여 희망의 이미지로 귀결된다. 수많은 명절 중에서 유일하게 우리 민족의 고유이 드러나는 명절이기도 하다. 추석의 기원에 대해서는 『삼국사기』에 잘 나타나 있다.

신라 제3대 유리왕 9년, 왕녀 두 사람으로 하여금 편을 짜고 길쌈을 하여, 한 달째인 8월 15일에 지는 편이 술과 밥을 장만하여 이긴 편에 사례하고 이에 온갖 유희가 벌어지니 이것을 가배라 한다.

추석에는 온 가족이 한데 모여 차례를 지내고 성묘를 하며, 조상의 음덕을 기린다. 또한 풍성한 수확을 얻게 해 주신 하늘에 감사하는 날이다. 아이들은 손꼽아 새 옷(추석빔)을 얻어 입고 먹을 것이 풍족한 추석을 기다린다.

백석의 시 「고야(古夜)」에는 송편을 빚고 마을 소문이 구수한 곰국 냄새로 무르끓는 흥성흥성 들뜬 추석 전 날밤 정경이 고스란히 담겨 있다. 추억은 언제든지 먼 그리움을 불러와 때론 미소 짓고 때론 눈시울을 적시게 한다.

> 내일같이 명절날인 밤은 부엌이 째듯하니 불이 밝고 솥뚜껑이 놀으며 구수한 내음새 곰국이 무르끓고 방안에서는 일가집 할머니가 마을의 소문을 펴며 조개송편에 달송편에 쥔두기송편에 떡을 빚는 곁에서 나는 …… 설탕 든 콩가루소가 가장 맛있다고 생각한다.

추석 세시풍속

| 추석 차례 음력 8월 15일 아침에 햅쌀로 빚은 송편과 햇과일로 상을 차려 조상에게 감사의 차례를 지내고 성묘를 한다.
 - 제수용 과일 차례상의 과일 하나에도 의미를 두고 정

성을 다했다. 그중 차례상에서 빠지지 않는 대추를 보면 몇 가지 이유가 있다. 먼저, 대추는 씨가 하나로 후손 중에서 왕이나 성현이 될 인물이 나오기를 기대하다는 의미가 있다. 또 대추는 나무가 작아도 많은 열매가 열린다. '꽃이 많이 피는데도 열매가 달리지 않는 헛꽃이 없다.' 하여 자손 번창의 기원과 맞아떨어진다. 또한 음력 7월에 꽃이 피어 8월 추석에 열매를 먹는 대추처럼 결혼은 늦게 해도 자식은 일찍 두라는 당부의 의미를 지닌다.

— 제수용 생선 차례상이나 제사상에는 이름이 '기'자로 끝나는 생선을 올리는데, 그중 조기는 한국인이 가장 좋아하며 왕실에서도 종묘에 천신하는 고급 생선으로, "조기는 세월이 지나도 유효하다"는 속담이 있다. 꽁치·갈치·참치 등 꼬리지느러미가 일자인 '치'자로 끝나는 어종은 비린내가 심해 제외했고, 고등어·방어·정어리 등 등푸른생선, 메기·뱀장어 등 비늘 없는 생선도 부정 탄다 하여 올리지 않았다.

| 강강술래 추석이라는 말 속에 내가 먼저 떠올리는 것은 강강술래이다. 소녀 시절 추석 무렵 해남이 고향인 친구 집에 갔었다. 추석날 밤 휘영청 밝은 달빛 아래 흰옷 입은 부녀자들이 손에 손을 잡고 밤이 깊도록 강강술래를 하였다. 나도 그들과 함께 손을 잡고 당산나무를 비~잉빙 돌며 뛰며 선소리꾼이 매기는 소리를 하면 받는 소리로 "강강술래 강강수~월~래"를 합창했다.

달 떠 온다 달 떠 온다 우리 마을에 달 떠 온다, 강강술래
저 달이 장차 우연히 밝아 장부 간장 다 녹인다, 강강술래
이러다가 죽어지면 살은 녹아 녹수가 되고, 강강술래
뼈는 삭아 진토가 되니 우리 모두 놀고 놀자, 강강술래
어느 때의 하세월에 우리 시방에 다시 올래, 강강술래

　목을 뺀 선소리꾼(소리를 매기는 사람)의 목소리는 달빛에 하얗게 부서지는데 나는 알 수 없는 설움에 목이 메었다. 그건 선소리꾼의 설움 베인 낭랑한 소리와 '달빛이 배면 술보다 독한 것'이라는 달빛, 푸르스름 환~장하게 훤한 달빛 때문이었다.
　시인 이동주는 자신의 시에서 강강술래를 묘사하고 있다.

　　여울에 몰린 은어 떼 / 삐비꽃 손들이 둘레를 짜면 / 달무리가
　　비잉빙 돈다.
　　　– 이동주, 「강강술래」

　'강강'은 '둥근 원을 만들어 돈다'라는 전라남도 해안지방의 방언이요, '술래'는 '도적'을 의미하니, 강강술래는 감돌아 가면서 도적을 잡는다는 술래잡기 놀이이다. 백제 때부터 이 지방 민요였는데 호남지방 일대에서 달 밝은 밤 젊은 여인들이 즐기던 향토적인 군무이다. 충무공은 우리 군사의 사기를 높이고 적에게 우리 군세를 과시하기 위한 위장 전술로, 이 고을 부녀자들에게 원래부터 있

었던 술래잡기 놀이를 크게 일으키게 하여 임진왜란을 승리로 이끄는 힘이 되었다. 이것이 강강술래로 전래된 것이다.

| 반보기 『농가월령가』「팔월령」에 추석의 정경이 드러나 있다.

> 팔월이라 중추 되니 / 백로 추분 절기로다 / (중략) 북어쾌 젓조기로 추석명일 쇠어 보세 / 신도주 오려송편 박나물 토란국을 / 선산에 제물하고 이웃집에 나눠 먹세 / 며느리 말미 받아 본집에 근친 갈 제 / 개 잡아 삶아 건져 떡고리며 술병이라 / 초록 장옷 반물치마 단장하고 다시 보니 / 여름 지어 지친 얼굴 소복이 되었느냐 / 중추야 밝은 달에 지기 펴고 놀고 오소.

이 노래에 부녀자들도 모처럼 단장하고 떡·고기·술 등을 들고 친정에 다니러 가는 기대에 찬 모습이 그려져 있다. 옛날에는 출가 외인이라고 해서 시집간 여자들이 마음대로 친정 나들이를 할 수 없었다. 그러나 일 년에 한 번, 추석이 지나고 나서 근친을 허락 받거나, 날짜와 장소를 정하여 모녀나 자매가 중간 지점에서 만났다. 당연히 서로 즐기는 음식을 장만하여 한나절 동안 회포를 푸는데 아쉽게도 회포를 반만 풀었다는 데서 '반보기'라는 말이 나왔다고 한다.

| 올게심니 추석의 민속 중에 벼·수수·조 등 잘 익은 곡식의 이삭을 베어다가 기둥이나 대문 위에 걸어 두는 것을 '올게심니'라고 한다. 올게심니한 곡식은 다음 해에 씨로 쓰거나, 떡을 해서 사당에 바치거나 터줏대감에 올린 뒤에 먹었다. 이 풍속은 다음 해의 풍년을 기원하는 뜻을 담고 있다.

'올벼쌀', '올겨쌀'이라 부르는 '올벼 신미(新味)'는 햇나락을 베어다가 솥에 찌고 말려서 껍질을 벗긴 것으로, 색깔이 누렇다. 이 쌀을 우물이나 장독, 곳간 등 성주신에게 바친 다음 씹어 먹으면 고소한 맛이 일품이다.

추석 절기 음식

사람이 모이면 술과 음식이 따르게 마련인데, 새로 거둔 음식은 모두 다 추석의 음식이라 할 수 있다. 송편은 하늘, 밤과 대추는 땅, 토란은 땅속의 결실을 대표하는 음식이다. 조상님께 하늘, 땅, 땅속의 온전한 식품을 모두 드린다는 의미도 있다.

| 송편 추석을 대표하는 오려송편은 햅쌀로 만든 송편이다. "가을 맛은 송편에서 오고 송편 맛은 솔내에서 온다."고 한다. '송편'은 솔잎을 켜켜이 깔고 찌는 데서 생긴 이름으로, 추석 차례

상에는 흰색과 푸른색 송편을 올린다. 흰색은 해가 지는 서쪽으로 조상을 상징하고, 푸른색은 해가 뜨는 동쪽으로 자손을 상징한다. 따라서 두 가지 송편을 올리는 것은 조상과 자손이 만난다는 의미를 담고 있다.

예쁘게 빚은 떡을 찔 때 솔잎을 깔고 찌면 서로 붙지 않으며, 은은한 솔향기가 나 입맛을 돋운다. 또한 솔잎 자국이 자연스럽게 얽혀 무늬가 되고, 떡이 쉽게 굳지 않고, 솔향의 피톤치드는 방부 효과가 있어 쉬 상하지 않는다니 우리 선조들의 지혜에 다시 한 번 놀란다.

– 송편의 유래 송편의 반달 모양에 대해 『삼국사기』에 전해 오는 이야기가 있다. 백제의 마지막 의자왕은 귀신이 땅속으로 사라지는 장면을 목격한다. 땅을 파 보니 거북이 등에 '백제는 둥근달 같고 신라는 초승달과 같다.'라고 쓰여 있었다. 왕이 무당에게 의미를 묻자, "둥근달 같다는 것은 가득 차 기울어진다는 뜻이고, 초승달 같다는 것은 점점 가득 차게 된다는 뜻이니, 백제는 망하고 신라는 흥하게 될 것"이라고 대답했다. 왕은 크게 화를 내며 무당의 목을 베었는데, 곧 무당의 말대로 백제는 망하고 신라는 삼국을 통일했다. 그 뒤로 우리 조상들은 송편을 반달 모양으로 빚었다고 한다. 반달 모양의 송편은 달이 차오르듯 소원이 이루어진다는 희망을 주는 떡인 것이다.

송편은 오래 전에는 사시사철 먹던 떡이었는데 19세기부터 추석음식으로 정착되었다. 송편은 '만든다'고 하지 않고 '빚는다'고 한다. 찰기가 부족한 멥쌀가루를 떡으로 쪄서 팥·밤·대추 등으로 소를 넣고 다시 도자기처럼 빚기 때문에 나온 표현이다. 옛부터 "처녀 총각들은 송편을 잘 만들어야 좋은 배우자를 만나고, 여자들은 송편을 예쁘게 빚어야 예쁜 아기를 낳는다."는 말이 있다.

－ 송편의 종류 송편은 재료에 따라 쑥송편·모시잎송편, 붉은 송기송편, 노란색 치자송편을 만들기도 한다. 송편의 크기는 지방마다 달라 북쪽지방은 대체로 크고 서울은 작게 빚는다. 또한 송편은 지역별로 모양과 소가 다르다. 녹두·팥·깨·밤·대추 등 여러 재료 중 형편대로 소를 넣는다. '서울깍쟁이'라는 말도 있듯이 서울 송편은 작고 귀엽다. 강원도의 감자송편과 도토리송편은 투박하면서도 먹음직스럽다. 전라도 송편은 화려하여 '꽃송편' 또는 '매화송편'이라 부르고, 쫄깃쫄깃하고 잘 굳지 않는 모시잎송편은 유명하다. 충청도는 호박송편, 평안도의 해안 지방에서는 모시조개 모양으로 빚은 조개송편, 제주도는 둥글납작한 비행접시 모양이다.

조선의 방랑시인 김삿갓이 '송편'을 예찬한 시를 보면 가족들이 모여 앉아 송편 빚는 정겨운 풍경이 눈에 보이는 것 같다.

손바닥에 굴리고 굴려 새알을 빚더니 / 손가락 끝으로 낱낱이 조개입술을 맞추네 / 금반 위에 오똑오똑 세워 놓으니 / 일천 봉우리가 깍은 듯하고 / 옥젓가락으로 집어 올리니 / 반달이 둥글게 떠오르네.

토란의 잎과 줄기는 말려서 나물을 해 먹고, 뿌리는 탕·산적·찜 등을 해 먹는다. 토란은 식중독을 예방한다.

| 토란국 토란국도 추석의 절식이다. 토란(土卵)은 '흙 속의 알'이라는 뜻이고, 잎이 연잎 같다 하여 '토련(土蓮)'이라고도 한다. 잎과 줄기는 말려서 나물을 해 먹고, 뿌리는 탕·산적·찜 등을 해 먹는다. 추석 명절이면 쇠고기에 무 대신 햇토란을 넣은 토란탕을 먹는다. 서울지방에서는 맑은 장국으로, 남도 지방에서는 들깨 즙을 넣어 고소하게 끓이는 가을철 별미다.

명절에는 먹을 것이 풍족하여 과식하기 쉽고 배탈 나기도 쉽다. 이때 소화를 돕고 변비 치료와 식중독 완화제인 토란을 먹어 속을

편하게 해 주려던 조상들의 지혜와 배려가 엿보인다.

| 백주 인심이 후해진 명절에 술과 안주가 빠질 수 없다. 추석 술은 '백주(白酒)'라고 하며, 햅쌀로 빚었기 때문에 '신도주(新稻酒)'라고 부르기도 한다. 안주로는 노란 닭[黃鷄]을 제일로 치는데, 추석 무렵이면 햇닭이 살이 올라 제일 맛이 있을 때이다. 그 옛날 닭은 귀한 손을 맞거나 만나러 갈 때 빠지지 않은 메뉴이기도 하다. 넉넉하지 못한 민가에서도 추석에는 쌀로 술을 빚고 닭을 잡아 찬을 만들고 과실을 차린다. 삶은 밤을 꿀에 뭉친 밤단자와, 토란단자도 한가위에 먹는 별미이다.

〈 한가위 사색 〉

추석은 만남의 시간이다. 애틋하고 눈물겨운 인연인 피붙이들이 모이는 명절은 가족의 소중함과 조상과의 종적인 관계를 확인하는 시간이 된다. 감자 익는 아슴한 냄새도, 타닥타닥 타오르는 아궁이의 불도 시간 속에 묻혀 버렸다. 동구 밖 늙은 느티나무, 물줄기 야윈 개천, 낡고 작은 교정……. 내가 훌쩍 성장한 만큼 초라하게 야위어 가지만 핏줄의 끈끈한 연결과 자신의 뿌리를 돌아보게 하는 고향과 어머니.

어머니의 손맛이 밴 구수한 음식과 추억이 있는 고향은 우리들 마음의 기둥이다. 식지 않은 그리움의 땅이 있어 사람들은 떠날 수 있고, 투박하지만 성실하게 살아가는 법을 배우지 않는가. 유년의 꿈과 어머니의 기도가 있는 땅. 인간 본향에 대한 귀소의식(歸巢意識)이 있는 추석이야말로 참으로 인정미 넘치는 우리의 전통 명절이다.

9월

열매달

음력 9월

가을이다. 신이 부는 휘파람 소리가 레몬빛 햇살로 풀어지는 말간 날이다. 낡은 등피를 닦듯 마음을 닦아 영혼의 갈피갈피 고독한 목숨의 빛깔을 들여다보게 하는 이 계절은 지고 온 멍에조차 부질없다, 놓으라 한다.

가을은 / 작별하기 좋은 때 / 그대 잡은 손 놓아도 / 애통치 않고 / 내 안에 부는 바람 / 잠재워 손을 흔들 때 / 가슴밭에 질러 놓은 불 / 그 격정의 단풍빛도 / 개울 속 조약돌로 눌러 두리니 / 넘치는 보고지움 / 가을나무 / 빈 가지에 걸어 놓고 / 지금은 / 돌아보지 않아도 좋은 때 / 손 흔들지 않아도 좋은 때.

— 졸시, 「작별하기 좋은 때」

북송의 구양수(歐陽修, 1007~1072)는 바람에 나뭇잎이 웅성거리를 소리를 듣고「추성부(秋聲賦)」를 지었다고 한다.

> 아아! 슬프다. 이것은 가을의 소리다. 어찌하여 왔는가. 가을의 형상이란 그 색깔은 참담하여 안개는 흩어지고 구름은 걷히며, 모습은 청명하여 하늘이 높고 해가 맑으며, 그 기운은 싸늘하여 사람의 피부와 뼛속을 찌르며, 그 뜻은 쓸쓸하여 산천이 적막하다.

천 년의 세월을 뛰어넘어 가을이면 많은 사람들이 떠올리는 시이다. 시인이 아니라도 가을밤 낙엽 지는 소리는 예사로 들을 수 없다. 삭막한 바람소리는 덧없는 인생을 찌륵찌륵 벌레 소리로 탄식하게 한다.

『농가월령가』「구월령(九月令)」에는 가을 단풍과 추수 절기를 맞는 분주함이 드러나 있다.

> 구월이라 가을 되니 한로 상강 절기로다 / 제비는 돌아가고 떼기러기 언제 왔나 / 벽공(碧空)에 우는 소리 찬이슬 재촉한다 / 만산풍엽은 연지(臙脂)로 물들이고 / 울 밑의 황국화는 추광(秋光)을 자랑한다. (생략)
>
> － 정학유, 『농가월령가』「구월령(九月令)」 중에서

음력 9월의 절기와 풍속

| 한로(寒露) 양력 10월 8일경으로, 찬 이슬[寒露]이 맺히는 날이다. 농촌에서는 추수로 바쁘면, 이때를 전후로 국화전을 지져 먹고, 국화술을 담갔으며, 수유를 머리에 꽂아 잡귀를 쫓았다고 한다.

| 상강(霜降) 양력 10월 23일경으로, 날씨는 쾌청하지만 밤에는 서리가 내릴 정도로 추워진다. 이때는 추수가 거의 끝나고, 대지는 생명들에게 겨울 채비를 재촉하고, 동물들은 겨울잠에 들어간다.

양에서 음으로 넘어가는 시절

중양절

중양절(重陽節)은 9월 9일로, 양수(陽數)가 겹쳤다는 뜻으로 '중양(重陽)' 또는 '중구(重九)'라 한다. 9가 양수(陽數)의 극(極)이 된다고 하여 특별히 중요한 명절로 여겼다. 삼짇날에 온 제비가 다시 강남으로 떠나는 날이며, 농가에서는 추수가 한창이다. 옛 선비들이 가을의 이 마지막 명절날 중양절에 술친구를 찾아가거나 술을 선물하고, 단풍놀이를 즐겼다고 한다.

고전 시가 『동동(動動)』「구월령(九月令)」에는 이날 먹는 국화가 약이 된다고 하여 빛이 누런 국화를 따다가 찹쌀떡을 만들어 먹는다는 내용이 있다.

9월 9일에 / 아으 약(藥)이라 먹는 / 황화(黃花) 고지 안해 드니 / 새셔가 만하애라 / 아으 동동 다리.

『농가월령가』「구월령」에서는 9월 9일을 '좋은 때[佳節]'라고 표현하며 화전을 부쳐 천신(薦新)하자고 권한다.

> 구월구일 가절(佳節)이라 화전(花煎)하여 천신(薦新)하세 / 절서(節序)를 따라가며 추원보본(追遠報本) 잊지 마소 / 물색은 좋거니와 추수가 시급하다. (생략)
>
> ─ 정학유, 『농가월령가』「구월령」 중에서

중양절 세시풍속

| 산신제 제비도 강남으로 떠나고 추수도 완전히 끝난 이 시기에, 햇곡식으로 떡과 술을 장만해서 선산을 돌본다. 선산의 풀을 베어 내고 무너진 곳을 손질하여, 닥쳐 올 겨울을 무사히 넘길 수 있도록 추석 성묘에 못 다한 정성을 중양절에 쏟는다. 선산에 손을 대기 전에 먼저 산신제(山神祭)를 지내는 것을 항상 잊지 않았다.

| 국화 감상 국화는 찬 이슬과 서리를 맞으며 향기롭고 아름다운 꽃을 피운다. 그 모습을 어려움 속에서도 뜻을 꺾지 않는 선비정신의 상징으로 여겨 선비들은 국화를 감상하며 시를 짓고,

구절초는 들국화와 비슷하게 생겼는데, 음력 9월 9일 중양절에 채취한 것이 가장 약효가 좋다 하여 아홉 '구(九)'와 중양절의 '절(節)'을 사용하여 '구절초(九節草)'라고 한다.

농부들은 농악을 울리며 즐겼다. 부녀자들은 내방가사를 읊고 국화 잎을 따다가 술을 담그고, 꽃잎으로 화전을 부쳐 먹었다.

　시인 조지훈은 "국화가 나에게 한갓 슬픔을 더해 준다기로소니 영혼과 육신이 함께 목마른 지금의 나에게 국화가 없으면 낙엽이 창살을 휘몰아치는 기나긴 가을밤을 어떻게 견디랴."고 했다.

　조선의 실학자 박제가의 「중양절」이라는 시에서 국화를 통해 불확실한 삶 앞에서 머뭇거리는 자신을 돌아본다.

먼 마을에 저녁노을 가물거리고 / 빈 숲엔 국화꽃 그림자 성글다 / 제비 가고 기러기 옴도 마음 괴롭구나 / 산에 오르고 물에 다다라 머뭇거리노라.

조선 후기 실학파 시인 이서구(李書九, 1754~1825)는 국화 향기에서 가을 정취를 느낀다.

가을철이라 붓과 벼루에도 벌레소리 젖어들어라 / 서리 온 뒤 옷자락에조차 국화 향기 무르녹다.

'붓과 벼루에도 벌레 소리 젖어 들고', '옷자락에조차 국화 향기 무르녹다'라고 자연을 관조하는 담백한 시선에서 고귀한 내면의 깊이가 느껴진다.

중양절 절기 음식

| 국화로 만든 음식 국화는 버릴 것이 없는 식품이다. 진한 향이 가을의 정취뿐 아니라 머리도 맑게 하는 소중한 자연의 선물이다. 이른 봄 대지 위로 올라오는 새싹과 연한 잎은 봄나물로, 여름의 싱싱한 잎은 나물과 튀김으로, 가을에는 황금색 꽃을 따서

국화전으로, 꽃이 질 무렵이면 꽃과 잎을 모조리 따서 국화주와 국화차를 만든다. 겨울에는 국화꽃으로 빚은 국화주를 마셨고, 국화 뿌리를 삶아서 안주 삼았다.

불로장수의 국화차, 녹말 묻힌 꽃잎을 오미자즙에 띄워 마시는 국화면, 국화잎에 찹쌀풀을 발라 튀긴 국화부각은 향이 별미롭다. 싱싱한 꽃잎은 살짝 헹구어 샐러드로 먹어도 눈과 입, 귀가 좋아하는 음식이 된다.

－ 국화주 중양절에 국화주를 마시는 풍속은 한나라 무제(武帝) 때 궁인 가패란(賈佩蘭)이 장수한다고 하여 수유나무 열매를 차고 흰떡을 먹으며 국화주를 마신 데서 비롯되었다고 한다. 장터 마당에서 부르는 「각설이타령」에도 "구자(九字)나 한 장 들고 보니 9월이라 9일 날에 국화주가 좋을시고"라는 구절이 있다. 중양절의 국화주를 소재로 한 시는 대단히 많다.

국화주는 향취가 가을의 정취를 듬뿍 느끼게 하고, 생명을 연명해 준다는 뜻에서 '연명주'라고도 한다. 빚어 걸러 놓은 술항아리 안에 말린 국화꽃잎 주머니를 넣어 밀봉해 두었다가 건지면 그 술에 국향이 가득히 서린다. 또는 찹쌀로 술을 빚어 다 익어 갈 때쯤 국화 꽃잎 함께 섞어 넣었다가 며칠 뒤에 걸러 뜬다. 국화주는 양기가 부족한 겨울철에 한 잔씩 드시면 액땜을 막아 준다는 주술적 의미도 있다.

－ 감국차 산국화·들국화는 '감국(甘菊)'이라고도 하며 식용이나 약용으로 으뜸이다. 감국은 열을 내리고 풍기를 다스리

며 간의 기운을 보하여 눈을 맑게 한다. 또 근육과 뼈를 강화하고 골수가 보강되어 골밀도가 높아지기 때문에 감국차는 중풍을 예방한다.

| 호박떡 중양절에 국화를 구하지 못하면 흔히 대용품을 사용했던 모양이다. 추사 김정희(金正喜, 1786~1856)는 제주도에 유배되었을 때 중양절에 국화가 없어 호박떡을 만들었다고 한다. 수유의 붉은 열매는 벽사력이 있어 나쁜 기운을 물리치고 겨울의 추위도 물리칠 수 있다 믿었다. 부인들이 오수유 열매를 주머니에 넣어 차거나 머리에 꽂는 습속이 있었다.

> 호박떡을 만들어서 국화 경단과 비교하니 / 촌스런 풍미가 들
> 놀이의 흥을 돋우는 듯하네 / 어리석은 생각을 평생 버리지 못
> 하여 / 붉은 수유를 쉰 머리에 꽂았다네.
> – 김정희, 「해상중구무국작과병(海上重九無菊作瓜餅)」

| 밤단자 찹쌀가루로 만든 경단을 치댄 뒤 밤 삶아 내린 것·유자청 건더지·계피가루·꿀로 만든 소를 넣고 다시 빚어 꿀과 밤 고물을 묻힌 떡이다.

| 화채 이날은 꿀물에 배·유자·석류·잣 등을 넣어 화채를 만들어 먹었다.

유자. "가시가 있는 식품 중 약용이 아닌 것이 없다."라는 선조들의 말처럼 가시나무에서 자라는 유자는 다양한 효능을 지니고 있다.

- 유자화채 조선시대에 궁중에서 먹는 음식으로, 늦가을에 나는 유자와 배를 넣어 만든 가을 화채이다. 설탕에 재어 둔 유자 알맹이와 유자 껍질 채, 배 채, 석류 알을 설탕물에 띄워서 만든 것으로, 유자 향이 더없이 좋아 화채 중에서도 으뜸으로 꼽힌다. 주로 중앙절을 전후하여 가을에 먹는 음식으로, 국화전과 국화주를 곁들여 함께 먹었다.

10월

하늘연달

상달(上月)

천 년 세월이 가고 또 와도 자연은 늙지 않느니, 음력 10월, 나날이 여위어 가는 햇살 아래 서면 육신의 그림자도 나날이 엷어져 구름이든 바람이든 무엇인가 될 것 같다.

가을날 오후엔 / 휘파람 소리가 난다 // 차마 못 부르고 / 눈빛으로만 / 그윽하게 다가서는 이름조차 / 한 점 그리움으로 일어서는 // (중략) 여과된 슬픔의 / 애틋한 노래 한 소절 / 가을에는 / 비어 더 넓은 가슴을 울리는 / 젖은 휘파람 소리가 난다.

― 졸시, 「참 맑은 가을」

음력 10월은 우리나라를 처음 세운 달이다. 그래서 조상님들은 음력 10월을 일 년 중 가장 높은 달, 좋은 달 '상달(上月)'이라고 했다. 이 달에는 '입동'과 '소설'이 들어 있으며, 바야흐로 겨울이 시작되는 때라고 본다.

이 시기에는 추수를 끝내 놓고 시루떡을 지어 시제(時祭)나 동제(洞祭)를 지낸다. 일반적으로 시제를 올리기 전에 반드시 산신제를 올린다. 자손 중에서 한 사람만 산소 뒤로 올라가 적당한 자리에 제물을 차려 놓고 향불을 피워 하늘로 연기를 띄워 올리고, 땅에는 술을 부어 속으로 스며들게 한다. 그것은 연기와 술로 하늘과 땅을 한 줄기 맥으로 이어 놓는 것이며, 그 속에서 자연과 더불어 살아온 우리 조상들의 주신(主神)인 산신에게 먼저 제례를 올리는 것이었다. 산신제를 지내고 나서 조상들 앞에 정성껏 차례로 의례를 올린다.

|
음력 10월(상달)의 절기와 세시풍속

| 입동(立冬) 양력 11월 7일경으로, 겨울[冬]이 시작되는 [立] 날이다. 절정에 오른 단풍이 늦가을 정취를 더한다. 마을마다 햇곡식으로 시루떡을 만들어 집안 곳곳에 놓아 두고, 이웃과 나누어 먹고 일 년을 정리하는 제사를 올린다. 전통이 사라져 가는 요즘에도 이날을 기준으로 김장 준비를 하는 가정이 많다.

| 소설(小雪) 양력 11월 22일경으로, 이때에는 바람이 심하게 불고 살얼음이 얼며 눈이 내리기 시작한다. 길고 긴 겨울의 시작으로, "소설엔 빚을 내서라도 반드시 춥다."고 했다.

| 농공제(農功祭) 음력 10월 1일에 상고 시대부터 내려오는 유풍에 따라 단군께 제사 지냈고, 조상께 추수 감사를 드렸다. 이날 제물은 떡, 햇곡식으로 빚은 술, 과일이다. 온 부락민이 한데 모여 제사 지내고 마음껏 음복했는데, 아무리 먹어도 탈이 안 난다고 한다. 역사적으로, 고구려의 동맹이나 무천의 제천 행사도 10월에 열었다. 축제에서 먹는 행위는 사회적인 활동이며, 또한 함께 먹는 행위는 집단공동체의 동질성을 강화시키며 결속과 화합을 다지는 힘의 원천이 되었다.

| 안택고사 10월의 오일(午日) 즉 말날을 택해 가정의 평안과 자손의 번창 등 소망을 비는 안택고사를 지낸다. 고사는 집안의 신[家神]을 받드는 의식으로, 동제(洞祭)와 구별되며, 무속에서 벌이는 굿과도 다르다. 문 밖에 깨끗한 황토를 뿌리고, 문에 솔가지를 꺾어 걸어 두거나 금줄 치고 마루나 마당에 신단(神壇)을 차린다. 햇곡식으로 떡을 찧고 술을 빚어 집을 지켜준다는 터줏대감굿을 하는데 이것을 '성주제'라 한다. 참고로, 고사는 '고수레' 즉 야외에서 음식을 먹기 전 한 쪽을 떼어 땅에 던져 주며 '고수레' 하고 간단한 제례의식을 갖추던 풍습에서 유래했다고 한다.

민속학자 윤병하는 말한다. "꽃나무 가지를 꺾어 화병에 꽂으면 화려한 꽃이 피기는 하나 열매도 못 맺고, 뿌리를 박지 못하는 것은 나뭇가지를 끊는 순간에 맥이 끊어졌기 때문이다. 그 가지는 꽃병에 꽂혀 있을 때만 사랑받고 화려하나 그 생명력은 어느 한계점에서 끊어져 죽고 만다."

가문의 뿌리를 지키는 일은 나무가 꽃 피고 열매 맺고, 그 싹이 숲을 이루듯이, 시제가 있었기에 문중이 있고, 자손이 뿌리내려 한 문중도 자연의 순리 속에서 번창한다고 굳게 믿었다.

음력 10월의 절기 음식

상달에는 추수가 끝난 뒤에 감사를 드리고 안녕을 기원하는 음식으로 시루떡을 조상께 올린 뒤 나눠 먹었다. 여기에 대추·감·밤도 저장하여 두고, 집집마다 김장을 담그고 나면 백성들은 겨울 채비를 마치고 조금 여유가 생기게 된다. 열구자탕·만두국·유자화채 등이 이달의 음식이다.

시인 이상(李箱, 1910~1337)은 이제 갓 열린 애호박을 보며 누렇게 늙은 청둥호박 고지로 만든 무시루떡의 구수한 냄새를 불러 오고, 그 냄새를 좇아 조상의 망령들이 제삿날 오는 것이라고 말하고 있다.

청동호박이 열렸습니다. 호박꼬자리에 무시루떡 ─ 그 훅훅 끼치는 구수한 김에 조차서 증조할아버지의 시골뚜기 망령들은 정월 초하룻날 한식날 오시는 것입니다.

─ 이상, 「산촌여정」

| 시루떡 상달의 대표적인 절식인 고사떡으로, 떡을 빚는 금기와 정성은 대단하다. 떡 빚기 사흘 전부터 부정한 것 보지 않기 위해 나들이를 금했고 성생활도 피했다. 떡 빚는 전야에는 목욕재계하고 떡을 빚을 때는 창호지로 입을 봉하고 작업했다. 침이 튀는 것뿐만 아니라 입을 통해 유출되는 여자의 음기(陰氣)를 막기 위함이었다. 세상의 길흉화복을 관장하는 신이 좋아하는 음식을 바치고 그 음식을 신과 더불어 먹음으로써 화를 면하고 복을 받는다고 믿었던 것이다. 생일 시루떡의 경우 아들과 딸은 고물이 달랐다. 아들은 밤처럼 단단하라는 의미로 밤시루떡을, 딸은 감처럼 달콤하게 감시루떡으로 상징적인 염원을 담았던 것이다.

시루에 가루를 안쳐 떡을 찔 때는, 김이 새지 않도록 시루 번을 잘 돌려 붙여야 한다. 처음엔 뚜껑을 덮지 않은 채로 불을 지펴서 떡에서 김이 오르는 것이 보이면 이때 짚으로 짠 뚜껑(짚방석)을 덮어야 물이 차지 않는다. 근래에는 간편하게 찜통에 찌는데 이때는 젖은 보를 깔거나 창호지를 오려 밑에 깔고 가루를 안친다.

─ 붉은팥시루떡 상달 고사 지낼 때, 이사할 때, 함 받을 때 등 우리 조상이 가장 즐겨 먹어 온 떡이다. 붉은팥 고물은 액을

가을 볕에 누렇게 익은 청둥호박

피할 수 있다는 주술적인 뜻이 담겨 있다. 잔치나 제사 때에는 거 피팥을 쪄서 흰 고물로 쓰거나, 녹두·깨 등을 고물로 쓴다. 팥은 비타민 B_1이 많아 쌀에 섞으면 이상적이 혼식이 된다.

　－ 무시루떡　무채를 섞은 쌀가루에 팥을 놓아 찐 서민적 인 떡이다. 농촌에서 김장무가 나오는 상달부터 겨울에 많이 해 먹 는데, 무가 매울 때는 설탕에 버무렸다가 쌀가루에 섞는다.

　－ 물호박떡　늙은 호박을 납작납작 썰어서 설탕에 재웠다 가 쌀가루와 함께 버무려 시루에 쪄 낸다. 뜸을 잘 들여 따끈한 것

을 수저로 떠먹으면 달콤하고 구수한 맛이 일품이다. 호박은 잘 익을수록 당분이 늘어나 단맛이 증가하고 소화 흡수가 잘된다. 산후에 부기가 있는 사람에게 늙은 호박을 권장하며, 동짓날에 호박을 먹으면 중풍에 걸리지 않는다는 말이 있다. 이는 호박 속에 비타민 A · C · B2의 효과 때문일 것이다.

─ 호박고지차시루떡 찹쌀가루에 호박을 끈처럼 썰어 말린 호박고지를 불려서 섞고 그 위에 팥고물을 얹어 찐 떡이다. 물호박떡이 말캉말캉하여 노인들이 즐겨 먹는 떡이라면, 이 떡은 호박고지의 단맛과 쫀득쫀득한 찰떡의 질감이 좋은 떡이다.

│ 김장 우리나라의 상차림에는 빈부귀천을 막론하고 밥에는 꼭 김치가 따른다. 그래서 '김장은 반식량'이라는 말이 있다. 추운 겨울 내내 먹을 김치는 음력 10월 말쯤 저장용으로 한꺼번에 담근다. 김장 시기는 입동 전후로, 겨울 추위가 오기 전에 알맞게 익어야 제 맛이 난다. 김치의 어원은 채소의 소금절임이라는 '침채(沈菜)'에서 나온 말이다. 김치는 지방마다 기후가 달라 김치 담그는 법과 재료가 달라 향토식의 김치가 매우 특색 있게 발달했다.

─ 서울, 경기 김치 서해의 해산물과 동해 산간의 산채를 사용하여, 김치의 맛과 종류가 다양하고 화려하다. 젓갈은 새우젓 등 담백한 것을 사용하고 간은 짜지도 싱겁지도 않아 먹기 좋다.

─ 전라도 김치 멸치젓을 주로 사용하여 깊은 맛이 있고, 겨울에 따뜻하여 짜고 매운맛이 강하게 담는다.

– 북한 김치 추운 겨울을 이기기 위해 젓갈 대신 돼지고기, 소고기 국물을 많이 이용하여 싱겁게 담근다. 평안도 동치미, 개성의 보쌈김치, 함경도 산나물류 김치도 유명하다.

| 난로회 민가에서는 이달부터 큰 화로에 둘러 앉아 둘레가 넓고 중심부에서 국물이 끓게 되어 있는 전골틀을 걸고 고기를 볶아 먹는데 이를 '난로회(煖爐會)'라고 한다. 그릇의 넓은 둘레에는 고기를 지지고, 가운데 팬 부분에는 채소와 국물을 끓이며 둘러 앉아 먹는 일종의 즉석 요리로, 나중에 전골로 발전하였다. 난로회는 한겨울 벗과의 운치 있는 만남의 장이었다.

| 열구자탕(悅口子湯) 화로와 냄비가 붙은 형태의 그릇(신선로)에 갖가지 고기와 채소를 꾸며 담고 장국을 끓여 먹는 한 그릇음식으로, '입을 즐겁게 한다'는 뜻에서 '열구자(悅口子)'라 하였다. 회식 분위기를 부드럽게 할 수 있는 요리이다.

| 만두 만두는 간단한 주식으로, 만두피를 만드는 재료와 넣는 소가 매우 다양하다. 평안도를 위시한 북쪽지방 만두는 둥근 피에 배추김치·돼지고기·두부로 만든 소를 넣고, 주름을 잡으며 둥글고 크게 빚어 육수에 넣어 끓인다. 개성편수는 쇠고기·돼지고기·닭고기·두부·숙주 등으로 만든 소를 넣고, 만두를 테가 있는 아기 모자처럼 불룩하게 빚어 끓는 물에 삶아 낸다.

미틈달

음력 11월

동짓달에는 숨죽여 우는 문풍지 울음소리가 들린다. 채울 수 없는 허기를 깁듯이 바느질하는 여인과 끊어진 줄의 거문고를 안고 사는 이 있어 겨울밤은 수렁처럼 깊고 시린 것 같다. 사랑은 이별과 상처를 거쳐야 비로소 완성된다지만 동짓달 바람소리 속에 황진이를 만난다.

동짓달 기나긴 밤을 한 허리를 베어 내여 / 춘풍 이불 아래 서리서리 넣었다가 / 어른님 오신 날 밤에 굽이굽이 펴리라.
- 황진이

이 시조는 혼자 있는 동짓달 길고 긴 밤의 적막과 외로움을 그린 절창이다. 사랑하는 님과 함께하고자 하는 바람이 시간을 뛰어넘어 아직도 많은 이의 사랑을 받고 있다.

동짓달은 음력 11월로, 겨울 느낌이 완연해지고, 겨울 준비를 마무리되는 시기이다. 메주 쑤기도 이 달에 이루어진다. 24절기 중 '대설'과 '동지'가 들어 있는데, 별다른 명절 풍속은 없지만, 동지 행사를 크게 치러 왔다.

> 십일월은 중동(仲冬)이라 / 대설(大雪) 동지(冬至) 절기로다 / 바람 불고 서리 치고 눈 오고 얼음 언다 / 가을에 거둔 곡식 얼마나 하였던고 / (중략) 콩기름 우거지로 조반석죽 다행하다 / 부녀야 네 할 일이 메주 쑬 일 남았도다 / 익게 삶고 매우 찧어 띄워서 재워 두소.
>
> ─『농가월령가』, 「십일월령」 중에서

음력 11월의 절기와 풍속

| 대설(大雪) 양력 12월 7일경으로, 이 시기에는 눈이 많이 내린다. 이날 눈이 많이 내리면 다음해에 풍년이 든다고 했다.

| 동지(冬至) 양력 12월 22일경으로, 일 년 중 밤이 가장 길고 낮이 가장 짧다. 이 날을 기점으로 추위가 심해진다. 이날 팥

죽을 쑤어 이웃과 나누고, 집안 곳곳에 놓아 나쁜 기운을 물리쳤다. 새 달력을 만들어 걸었으며, 뱀 사(蛇)자가 적힌 부적을 벽이나 기둥에 거꾸로 붙여 놓기도 했다. 이날 날씨가 따뜻하면 다음해에 질병이 많고, 눈이 많이 오고 추우면 풍년이 든다고 예상했다.

음력 11월의 절식

겨울철에는 메밀국수를 무김치나 배추김치에 말아 돼지고기를 넣은 냉면을 즐기고, 잡채와 배, 밤, 쇠고기 등을 메밀국수에 섞은 골동면(비빔냉면)도 즐긴다. 여기에 작은 무로 시원한 동동치미를 담가 곁들인다. 또한 생강과 계피를 달인 물에 곶감과 잣을 띄운 수정과와 뜨거운 설렁탕도 많이 먹는다. 11월의 절식은 정초에 쓸 제수를 준비하는 12월과 대체로 비슷하다.

| 동치미 우리 식사 예법에서는 밥상을 받으면 먼저 수저를 들어 동치미나 나박김치 국물을 떠먹고 나서 밥을 먹는 것이 순서이다. 동치미는 맵고 짭짤한 찬을 먹는 사이사이에 한 번씩 떠먹어 입 안을 산뜻하게 해 주고 밥이 잘 넘어가게 해 준다. 연탄으로 난방을 하던 시절 연탄가스에 중독되었을 때는 비상약이었고, 과음 후 숙취를 다스리는 시원한 음료이기도 했다. 『동국세시기』

(1849) 「십일월조」에서는 동치미에 대해 다음과 같이 적고 있다.

> 뿌리가 비교적 작은 무로 담근 김치를 '동치미[冬沈]'라 한다.
> 동치미는 무에 소금물을 붓고 익힌 간단한 김치이지만 갖은
> 양념과 배·유자 등의 과실, 갓과 청각을 넣고 맛과 향을 낸다.
> 동치미를 담그려면 작고 예쁜 무를 골라 무청을 떼고 하룻밤
> 절인다. 파는 흰 부분과 뿌리로 나누고, 생강과 마늘은 납작하
> 게 저며 천주머니에 담아 넣고, 소금물을 부은 뒤 삭힌 고추를
> 띄운다. 겨울철에 땅에 묻으면 한 달 이상 되어야 제 맛이 나지
> 만 실온에서는 열흘쯤 지나면 익는다. 낮은 온도에서 서서히
> 익혀야 국물이 맑고 맛도 더 좋다. 동치미물에 맨드라미꽃을
> 넣어 국물 색을 내기도 한다.

빙허각 이씨의 『규합총서』(1809)에서는 동치미는 어린 외 절인
것·배·유자를 넣었고, 익으면 국물에 꿀을 타고 석류알과 잣을
넣어 만들었다.

│ 생치김치 좋은 꿩을 백숙하여 국물의 기름을 없애고 꿩
의 살만 뜯어 동치미국에 섞어 먹었다. 유중림의 『증보산림경제』
(1766)를 보면, 담가 둔 오이지와 꿩고기를 썰어 넣고 소금으로 간
하여 나박김치 담듯 만들어 먹었다. 양념하여 볶은 꿩을 담가 놓은
김치에 재웠다가 먹는 '생치김치'는 조선시대 최고의 술안주였다.

｜냉면 『동국세시기』에서는 겨울철 시식(時食)으로 냉면을 들고 있다. '냉면'은 동치미 국물에 가는 국수를 넣고 무·오이·배·유자 등을 저며 얹고 돼지고기 편육과 달걀지단채를 얹은 뒤 잣을 뿌린 음식이다. 고향이 북쪽인 사람들은 추운 겨울날 따끈따끈한 온돌방에서 이가 시리도록 찬 동치미국에 냉면을 말아먹는 것이 진짜 냉면 맛이라고 한다. 오장육부가 얼어붙는 것 같아도 이 맛이 진짜 냉면 맛이라고 하니 이것이 '이냉치냉'이다.

냉면은 크게 평양냉면과 함흥냉면으로 나눈다. 평양냉면은 메밀을 반죽하여 삶은 국수를 차가운 동치미국이나 육수에 만 장국냉면이다. 큰 대접을 양손으로 받쳐 들고 국물을 훌훌 들이키면 시원한 국물이 온 몸으로 녹아드는 듯하다. 고종 황제는 야참으로 동치미냉면을 즐겼는데, 동치미국에 배를 많이 넣어 국물이 무척 달고 시원했으며, 고명은 편육과 배, 잣뿐이었다고 한다. 함흥냉면은 옥수수나 고구마 전분을 많이 넣고 뺀 국수를 매운 양념장에 무치고 새빨갛게 양념한 가자미회를 얹은 비빔냉면이다. 그 밖의 냉면으로는, 겨울철에 잡은 꿩고기를 넣은 생치냉면(북쪽 지방), 나박김치냉면(충청도), 바지락으로 국물은 낸 밀국수냉면(경상도)이 있다.

｜연포탕(軟泡湯) 전통적인 방식으로는 두부를 가늘게 썰어 꼬치에 꿰어 기름에 지진 것을 닭고깃국에 넣어 끓인 것이다. 포(泡)는 두부를 뜻하는데 지금은 조리법이 많이 변하여 두부전골을 만들어 먹는다.

동지

동지는 입춘에서 시작하는 24절기 중 스물두 번째 절기로, 한 해 중 밤이 가장 길고 낮이 가장 짧은 날이다. 옛사람들은 이날 태양이 죽었다가 되살아난다고 생각하여 생명과 광명의 태양신을 위한 축제를 열었다. 괴테는 "자연이란 쪽마다 중요한 이야기를 담아서 건네는 유일한 책"이라고 했다.

우리 민속에는 동짓날 밤에는 남녀의 교접을 금지하였다. 호랑이가 이날 흘레붙어 일생 동안 새끼 한 마리만 낳아 기른다는 전설에서 유래한 것이다. 할 일이 없는 겨울철에 지나치게 방사를 벌이는 것을 조심하라는 뜻이다.

우리나라는 예부터 동지를 '작은 설[亞歲]'로 여겨 "동지가 지나야 한 살 더 먹는다." 또는 "동지 팥죽을 먹어야 진짜 한 살 더 먹는다."고 했다.

동지 세시풍속

동지는 명일(名日)이라 일양(一陽)이 생하도다 / 시식으로 팥
죽 쑤어 인리친척 나눠 먹세 / 새 책력 반포하니 내년 절후 어
떠한고 / 해 짧아 덧없고 밤 길어 지리하다.

　　　　－ 정학유, 『농가월령가』「십일월령(十一月令)」 중에서

　| 천신(薦新) 이 달에는 종묘에 새로 잡은 청어를 올린다.
옛날에는 청어가 흔하여 가난한 선비가 사 먹었는데, 선비를 살찌
운다는 뜻에서 '비유어(肥儒魚)'라고도 부른다. 제주 목사가 귤·
유자를 궁중에 진상하면 이것을 태묘에 바치고 신하에게도 고루
나누어 준다.

　| 동지차례·동지고사 동짓날엔 팥죽을 먼저 사당에 올
려 차례를 지내고, 대청마루·장독대·우물, 심지어 외양간에도 한
그릇씩 떠 놓고 대문이나 벽에다 뿌린다. 동네에 따라서는 동지팥
죽을 마을의 신성 거목인 당산나무에 뿌려 악귀를 쫓기도 한다. 동
짓날 팥죽은 찹쌀가루로 새알심을 만들어 죽에 넣고, 새알심은 나
이대로 먹었다. 이영균 시인이 쓴 「동지팥죽」 노래도 들어 보자.

　저 달은 해마다 동짓날 밤 / 팥죽 싣고 은하수강 건너간다네 /

애동지엔 팥죽을 쑤지 않아 / 불빛 죽여 숨어 가느라 밤이 어둡고 / 중동지엔 죽 쑤어 사방 나누느라 / 불 밝혀 가느라 은하수길 밝고 / 노동지엔 죽을 많이 쑤어 차고 넘쳐 / 달밤 가려져 은하수 건너기 캄캄하다네 // 동짓날 죽었다던 망나니 역신 / 팥죽 먹고 오늘 밤만 피하고 나면 / 일 년 동안 무병한다네. (이하 생략)

팥죽을 먹어 몸에 들어오는 사기를 막고, 가족을 보호하는 우리만의 민속이라 하겠다. 풍속 음식으로 정착된 팥죽은 여러 문헌에 시로 남아 있다. 조선말 문신이며 서예가인 최영년(崔永年, 1856~1935)이 지은 「해동죽지(海東竹枝)」의 시 한 수를 더 읽어 보자.

야심한 뒤 어느 마을에서 죽을 뿌렸노? / 열십 자 거리 위에 흔적이 낭자하다 / 형방 패독산(荊防 敗毒散)이 무슨 소용 있나? / 유행병이 벌써 나았거니.

맛 칼럼니스트 황교익은 '팥죽 액막이 풍습의 기원은 먼 선사시대 수렵 풍습의 흔적'이라고 말한다. 동물을 사냥한 뒤에 그 피를 땅에 뿌리는 일은 온 인류의 공통된 행동으로 동물의 영혼을 땅의 신에게 돌려보내는 의미와 먹거리를 준 자연에 대한 감사의 표현이다. 이 의식을 생략하면 자연신의 화를 불러 다음 사냥에 액운이 따를 수 있다 생각했다. 피를 뿌리는 행위로 붉은 피 대신 붉은 팥으로 액막이를 하는 것이다.

부적에 주사(朱砂)를 쓰는 것도 붉은색이기 때문이며, 주사를 쓸 수 없으면 닭의 피를 쓰는 경우도 있는데, 이는 귀신이 싫어하는 붉은색이자, 귀신을 달래려고 닭을 바친다는 뜻도 있다. 이제 동짓날에도 '동지차례'를 지내는 사람은 없지만 시골에는 아직도 '동지고사'는 남아 있다. 이는 액을 막고 가족의 안녕을 기원하는 소박한 민속 신앙적 풍습이다.

또한 우리 선조들은 동지팥죽은 나이 수대로 새알심을 먹어야 운이 따른다고 믿었는데, 일꾼들은 팥죽 아홉 그릇에 나무 아홉 짐을 져야 좋다고 했다. '아홉'은 가장 큰 양수로 넉넉하고 풍요롭다는 길(吉)한 뜻이 담겨 있다.

| 동지헌말 동짓날에는 며느리가 시부모에게 버선을 지어 드리는 풍속이 있었는데, 이를 '동지헌말(冬至獻襪)'이라 한다. 누런 광목을 백옥같이 바래게 하고 반들반들하게 다듬이질해서 버선을 짓는 것은 많은 노고의 작업이었다. 동짓날부터 길어지는 해를 밟음으로써 장수하시라는 뜻으로 어른께 신고 다니는 물건을 드린 것이다. 궁중에서도 왕비나 왕대비에게 '풍정(豊呈)'으로 버선을 바쳤다. 이는 풍년을 감사하고 새해의 풍년을 빈다는 뜻이다.

| 달력 하사 궁중에서는 동지에 새해 달력을 나누어 주었다. 지금의 기상청과 같은 관상감에서 황장력·백장력·청장력을

만들어 신분에 따라 나누어 보냈다고 한다.

| 전약(煎藥) 하사 『동의보감』에 의하면, 동짓날 궁중에서는 전약을 만들어 진상하고 이를 신하들에게 나누어 주었다. '전약'은 겨울철 보신음식으로, 우유에 생강·정향·계피가루·후추·쩌서 거른 대추·꿀을 넣고 오래 끓여 족편처럼 굳힌 것이다. 우유가 부족할 때는 우족고(牛足膏)를 썼다. 이는 '약재가 들어 있는 족편'으로, 겨우내 추위로부터 몸을 보한다고 한다.

동지 절기 음식

| 팥죽 팥죽은 중국에서 전래되어 풍속식으로 정착된 음식이다. 6세기 초 중국의 『형초세시기(荊楚歲時記)』에는 팥죽의 유래를 다음과 같이 적고 있다.

> 공공씨(共工氏)의 망나니 노릇만 하던 아들이 동짓날에 죽어 역질(疫疾) 귀신이 되었는데, 생전에 팥을 두려워했으므로 팥죽을 쑤어 물리친다.

허준(1539~1615)의 『동의보감』에는 '팥은 차지도 따뜻하지도 않고, 맛이 달면서 시고 독이 없는 작물'이라고 설명해 놓았다. 또한 '술로 인한 갈증을 다스리고 음주 후 두통과 주독을 푸는 작용이 있어 술로 인한 병증을 다스리는 양약(良藥)'이라고 했다. 팥에는 부종이나 어혈을 다스리는 해독 능력이 뛰어난 '사포닌'이라는 물질이 풍부하게 들어 있다는 것을 우리 조상들은 알고 있었던 듯하다. 실제로 팥에는 비타민 B$_1$과 4%의 섬유소가 들어 있어 변비를 개선하는 효과가 크고, 신장염이나 각기병을 앓는 환자에게도 좋다. 또한 팥은 따뜻한 기운을 오래 품는 성질이 있어 민간에서는 '팥찜질'이 지금까지 전해 오고 있다.

서울 개화기의 풍습을 적은 조풍연의 『서울잡학사전』에 '서울 사람은 팥죽을 사철 즐겨 쑤어 먹었는데 특히 이웃집에서 초상이 나면 팥죽을 쑤어 동이로 날라다 주었다.'라고 한다. 상제들이 곡하느라 목이 칼칼하여 밥이 넘어가지 않을 때 부드러운 죽으로 부조한 소박한 인정을 느낄 수 있는 미풍이다. 또한 오랜 병상에 누웠던 사람이 회복기에 들었을 때도 팥죽을 먹이는 습속이 있었다. 영양제나 보양제로서가 아니라 허약체질에 쉽게 전염되는 병귀를 예방하기 위한 수단이었다. 일제시대에는 새알심 대신에 인절미를 넣기도 하고, 일본식 단팥죽도 인기가 있었다고 한다.

| 팥죽 쑤는 법 어느 죽이나 마찬가지겠지만 특히 팥죽은 쑤기가 간단하지 않다. 까딱 잘못하면 어느새 바닥이 눌어붙거나 타서 맛을 버리게 된다. 물을 잘못 가늠하여 죽이 되거나 묽어져서

중간에 물을 더 붓거나 불을 더 오래 때면 그만큼 맛이 덜해진다. 그래서 옛 책에는 죽은 돌솥에 쑤어야 가장 맛이 좋고 실수하지 않으며, 다음이 무쇠솥, 노구솥이라고 씌어 있다.

불 조절도 조심해야 하니 옛날에는 장작불로 센 불에서 끓이지 말고 콩깍지나 등겨 따위를 때서 천천히 약한 불에 오래 끓여야 한다고 했다. 그래야 쌀에서 즙이 나와 죽이 맛이 좋고 색깔이 곱게 난다는 것이다.

죽은 쑤어서 바로 먹어야지 오래 두면 퍼지고 국물이 말라 맛이 변한다. 그래서 죽은 먹을 만큼만 끓이는 것이 상식이다. 우리 식담(食談)에 '사람이 죽을 기다려야지 죽이 사람을 기다리게 하지 말라'는 말이 있다. 그런데 팥죽은 다른 죽과는 달리 차게 먹어도 맛이 좋다. 그렇지만 팥죽은 역시 뜨거워야 제 맛이 난다. 여기에 곁들여 먹는 동치미는 팥죽으로 텁텁해진 입안을 개운하게 한다.

| 말죽거리 팥죽　광해군을 내쫓고 인조를 왕위에 앉힌 반정공신들은 모두 일등공신이 되었다. 그중에 이괄만은 이등공신이 되고 평안병사로 발령이 나자 이에 불만을 품고 칼을 뽑았다. 이것이 '이괄의 난'이다. 무장한 병사들이 대궐 뒷담을 넘어 뛰어들자 왕은 잠결에 놀라 잠옷 바람으로 홀로 도망치게 되었다. 얼마를 달리니까 성균관 유생 몇 명이 겨우 노새 한 마리를 얻어와 날이 밝을 무렵 뚝섬에서 배를 탈 수 있었다. 겨우 살았다는 안도를 하자 너무 놀란 때문인지 연거푸 딸꾹질을 했다. 냉수를 들이켜도 소용

이 없고, 전혀 가라앉을 기미가 없었다. 한 할머니가 지나가다 말 등에서 연신 딸꾹질을 해 대는 인조를 가리키며 말했다. "이보게 젊은 선비, 저 허여멀건 사람에게 팥죽을 먹여 봐." 도망가는 길이 바빴으나, 인조의 딸꾹질은 갈수록 심해져서 거의 탈진할 지경이었다. 잠시 후 유생들이 급하게 팥죽을 쑤어 왔고 아무도 믿을 수 없었던 왕은 말 등에서 팥죽을 먹었다. 팥죽을 먹고 나자 인조의 딸꾹질이 신통하게도 멎었다. 이때부터 인조가 말 뒤에서 팥죽을 먹었다고 하여 '말죽거리'라는 이름이 붙여졌다고 한다.

〈 11월의 사색 〉

　　행복한 유년의 시간 속에는 맛의 추억이 있다. 시커먼 난로 위에 얹어 놓았던 도시락의 구수한 밥 냄새, 어둑어둑해진 골목을 채우던 시래깃국 냄새, 큰 양푼에 이마를 맞대고 먹던 비빔밥, 텃밭에서 막 솎은 상추쌈과 확독 위에서 바구니째 놓고 먹던 보리밥……. 춥고 허기진 삶의 고비에서 나를 일으켜 세우는 어머니의 손이듯, 추억의 음식에는 식지 않은 온기가 있어 빛바랜 시간을 따스하게 한다. 추워지는 계절, 함께 수저를 넣고 먹을 수 있는 가족과 조촐한 밥상만으로도 위안이 되지 않은가.

　　계절은 시방 / 오십령(五十嶺) 고개를 막 들어선 아낙 같다 / 목숨을 태우는 열정조차 / 서늘한 연민이 스며 있는 // 첩첩

계절은 시방 오십령 고개를 막 들어선 아낙 같다.

산들은 안개에 만취하여 / 풍경을 지운다 / 개미처럼 오르던
사람들 / 칡넝쿨처럼 뻗치던 우환들 // 산다는 것도 이런 것이
아닐까 / 안개 속에 가리워도 / 사랑으로 한 목숨 지고 가는 //
(중략) 시간의 바퀴가 닳는다 해도 / 슬픔은 슬픔끼리 다독이
며 / 버섯처럼 일어설 것이니 / 계절은 시방 / 오십령 고개에
선 아낙만 같다 / 모든 것을 놓을 줄도 아는.

– 졸시 「풍경을 지운다」 중에서

12월

매듭달

일 년을 매듭 짓는 때
음력 12월

섣달. 일 년의 마지막 달. "인생은 아무리 오래 살아도 수고와 슬픔밖에 없다."라는 모세의 말(시편 90)처럼, '마지막'이라는 말에는 진득한 후회와 아쉬움이 묻어 있다. 또 한 해가 갔구나. 부질없이 허망하게 세월만 넘겼구나…….

서서히 삭아 가는 세월을 들여다보게 하는 섣달은 허망한 빛깔의 무채색이다. 하지만 한 해의 마지막 날은 한편으론 책임과 반성, 감사를 느끼는 시간이기도 하다. 『농가월령가』 「십이월령(十二月令)」에는 저물어 가는 해를 반추하고 새해를 준비하는 모습이 들어 있다.

십이월은 계동(季冬)이라 / 소한 대한 절기로다 / 설중의 봉만(峰巒)들은 / 해 저문 빛이로다 / 세전(歲前)에 남은 날이 얼마나 걸렸는고.

- 정학유, 『농가월령가』 「십이월령(十二月令)」 중에서

음력 12월에는 24절기의 마지막 두 절기인 '소한'과 '대한'이 들어 있으며, '납일'과 '그믐'을 의미 있게 지냈다.

음력 12월의 절기와 풍속

| 소한(小寒) 양력 1월 5일경으로, 한국에서는 일 년 중 가장 추운 시기다. '대한이 소한 집에 놀러 갔다 얼어 죽었다.'라는 속담이 있을 정도로 소한 절기엔 추위가 매서운 해가 많다.

| 대한(大寒) 양력 1월 20일경으로, 음력 12월, 동지 후 한 달 또는 소한 후 보름 만에 온다. 추위가 절정에 달하여 겨울의 매듭을 짓는 절기로 볼 수 있지만, 소한 절기에 얼었던 얼음이 대한 절기에 녹을 정도로 날씨가 따뜻한 해도 있다. 그래서 "춥지 않은 소한 없고, 포근하지 않은 대한 없다."라는 말이 있고, "대한 끝에 따뜻한 봄[陽春] 있다."고 했다. 이날 밤에 콩을 땅이나 마루에 뿌려서 악귀를 쫓아 내고 새해를 맞이하는 풍습이 있다.

| 납일(臘日)　동짓날에서 세 번째 미일(未日)로, '납제일[臘祭日]', '납향(臘享)'이라고도 한다. '납(臘)'은 '접(接)'과 같은 뜻이며, 엽(獵)과도 통하는 것으로, 사냥에서 얻은 짐승으로 하늘에게 제사한다는 의미가 있다. 묵은해가 가고 새해가 교접하는 시기에 한 해 동안 일어났던 일을 하늘에 아뢰고 감사를 드린다. 민간에서는 이날 참새를 많이 잡아 먹었는데, 참새 고기는 노인이나 아이, 약한 이에게 좋고 마마를 깨끗이 낫게 한다고 했다.

| 납설수(臘雪水)　납일에 내린 눈은 귀하게 여겼는데, 독 안에 담았다가 눈에 바르면 눈병이 낫고, 책이나 옷에 바르면 좀이 슬지 않는다 하였으며, 약을 지을 때나 장, 술, 김치를 담글 때도 쓰면 벌레가 생기지 않는다 하였다. 시인 백석은 눈에 비친 납일 풍정을 보자.

> 섣달에 냅일날이 들어서 냅일날 밤에 눈이 오면 이 밤엔 쌔하얀 할미귀신의 눈귀신도 냅일눈을 받노라 못난다는 말을 든든히 여기며 엄매와 나는 앙궁 위에 떡돌 위에 곱새담 위에 함지에 버치며 대냥푼을 놓고 치성이나 드리듯이 정한 마음으로 냅일눈 약눈을 받는다 이 눈세기 물을 냅일물이라고 제주병에 진상항아리에 채워 두고는 해를 묵여가며 고뿔이 와도 배앓이를 해도 갑피기를 앓아도 먹을 물이다.
> － 백석,「고야(古夜)」

납일에 때 맞춰 내리는 눈을 받으려고 아궁이 · 짚담 위 · 큰 양푼 등 그릇이란 그릇을 모조리 놓고 '치성 드리듯 정한 마음으로' 눈을 받는 모습이 눈앞에 보이는 듯하다. 우리는 언제 이렇게 정성스러운 마음으로 눈을 받아 보았던가?

| 대회일(大晦日, 섣달그믐) 음력 12월의 마지막 날로, 이날 밤을 '제야(除夜)'라 한다. 한 해의 마지막 날을 기리는 고유한 풍속이 있다. 우리 민족은 정월 초하루를 앞둔 섣달그믐에 많은 의미를 두고 다양한 풍속을 치렀다.

| 음력 12월의 절식

| 식혜 쌀밥을 엿기름물로 삭혀서 단맛을 낸 음료로, 겨울철에 많이 만든다. 우리나라 사람들이 가장 즐기는 차가운 음료이다. 식혜를 그릇에 떠서 유자청을 약간 넣으면 향이 좋고, 석류철에는 석류알을 몇 알씩 띄우면 색이 아주 곱다.

| 수정과 계피 · 생강 · 통후추 · 설탕을 넣고 끓인 국물에 곶감을 담가 맛을 낸 우리나라 전래의 음청류이다. 계피와 생강의 맛이 독특하여 우리나라 사람들이 식혜와 더불어 가장 즐겨 먹는

음료이다.

| 정과(正果)ㆍ전과(煎果) 생과일 또는 열매나 뿌리, 줄기의 모양을 살려 꿀이나 엿을 넣고 달착지근하게 조린 것이다. 잘된 정과일수록 자연의 색이 투명하게 비쳐 색유리를 보는 것 같다. 은은한 붉은색의 연근정과, 노란 속살이 유리알 같은 도라지정과, 하얀 무에 잎사귀 모양과 은은한 풀빛을 들여 만든 무잎새정과, 분홍빛의 박오가리 꽃정과 등 매력 있는 전통과자이다. 밤으로 만들면 밤초, 대추로 만들면 대추초라 한다.

| 납평전골(臘平煎骨) 천지 만물의 덕에 감사하기 위하여 산짐승을 사냥하여 종묘사직에 납향하는데, 꿩ㆍ토끼ㆍ멧돼지 등 사냥한 산짐승으로 전골을 만든다.

섣달그믐

섣달그믐은 위험과 기회가 어우러진 겨울의 함축이다. 사람들은 따스한 기억들을 떠올리며, 캄캄한 시간 끝에 찾아온 새벽을 느끼고 싶어 한다.

섣달그믐 즈음에는 먼 데 나갔다가도 모두 집으로 돌아와 가족과 함께 새해를 맞이한다. "섣달그믐이면 집 나갔던 빗자루도 집 찾아온다.", "숟가락 하나라도 남의 집에서 설을 보내면 서러워 운다."라는 속담을 통해서도 풍속을 짐작할 수 있다.

이날을 '까치설날'이라고 하는데, 신라 소지왕 때 궁주(宮主)와 중이 공모하여 왕을 해치려 할 때, 까치와 쥐, 돼지의 도움으로 화를 모면했다는 데서 비롯했다. 쥐와 돼지는 십이간지에 들어가는 동물이라 '쥐날', '돼지날'이라 기념하지만 까치는 기념할 날이 없어서 설 전날을 '까치설날'이라고 했다는 것이다.

섣달그믐의 풍속

| 새해 맞이 준비하기 섣달그믐날이면 남에게 빚이 있는 사람은 이날까지는 빚을 모두 청산하고, 빚 받을 사람은 이날이 지나 보름까지는 빚 독촉을 하면 안 된다. 주부들은 바느질도 끝내야 하고, 차례에 쓸 제물과 세찬 준비, 정월에 두고 먹을 후식류도 미리 마련해야 했다. 남정네들은 집 안팎을 대청소하고, 자정에는 쓰레기를 모아 그 속에 아주까릿대, 깻대와 막 베어 낸 대나무를 넣어 태운다. 마당에 모닥불을 피워 놓고 대나무만을 태우기도 하는데, 그러면 연기가 자욱하게 피어 오르며 콩 튀는 소리가 난다. 이 소리가 요란할수록 콩과 보리농사가 잘된다고 생각했다. 이것이 폭죽의 유래인데 그 후로 '폭죽' 또는 '대불 놓기'는 악귀를 물리치기 위함의 성격이 더 강해졌다. 또 집 구석구석에 불을 밝히고 잠을 자지 않아야 잡귀가 못 들어오고, 복을 받는다고 믿었다.

| 수세(守歲, 눈썹 세는 날) 설 전날인 음력 섣달 그믐날은 집 안 구석구석 불을 밝히고 설날 첫닭이 울 때까지 밤을 새우는 풍습이 있었다. 이것을 '수세(守歲)'라 했는데, 이날 밤 잠을 자면 눈썹이 하얗게 센다고 믿었기 때문에 잠을 자지 않았다. 혹 아이들이 잠들면 눈썹에 흰 가루를 바르고, 다음날 아침에 눈썹이 셌다고 놀리기도 했다.

| 묵은세배하기 섣달그믐은 '작은 설'이라 하여 일 년을 무사히 지냈음을 감사하는 뜻으로 사당과 가묘에 제를 올리고, 어른들께 묵은세배를 드렸다.

| 날무 먹기 섣달그믐저녁에는 깎은 무를 먹고 난 뒤 '무사태평'이라고 크게 소리를 한다. 무는 껍질과 속이 깨끗하고, 먹을 때 씨가 없으니 걸리거나 뱉을 것이 없다. 부디 새날이 그와 같이 순탄하기를 비는 소박한 마음에서였다.

| 무장 마시기 궁중에서는 섣달그믐날 새벽에 왕과 왕비를 위시하여 아래 내인들까지 무장(-醬)을 마셨다. 무장은 일종의 날메주 국물로, 백항아리에 소금물 끓인 것을 식혀 담고 메주를 뚝뚝 떼어 넣어 우려낸 것이다. 이는 묵은해를 보내고 새해를 맞이하기 위해 사악한 기운을 없애는 목적인 듯하다.

|

섣달그믐 절기 음식

섣달에 특별한 절식이 있었던 것은 아니지만 설맞이 음식을 장만하는 때라 엿강정 · 유과 · 약과 · 다식 · 식혜 · 수정과 등등 먹을 것이 많았다. 섣달그믐날 저녁에는 음식을 해를 넘기지 않기 위해 비빔밥을 만들어 먹었다.

이상(1910~1937)은 근대를 대표하는 시인이자 소설가였으며 건축 설계와 미술에도 뛰어난 재주가 있었다고 한다. 커피를 무척 좋아하고 서구적인 미각을 추구했던 이상이지만 마지막으로 진정 먹고 싶었던 음식을 수필 「H형에게 보낸 편지」에서 읽을 수 있다.

> 오늘은 음력으로 제야(除夜)입니다. 빈자떡, 수정과, 약주, 너비 아니, 이 모든 기갈의 향수가 저를 못살게 굽니다. 생리적입니다. 이길 수가 없습니다.

병들고 고독했던 이상이 제야에 그토록 먹고 싶어 한 음식은 서양식 레스토랑에서 먹던 '난찌'와 청량음료 '칼피스', 카스테라, 커피가 아니었다. 유년 시절 섣달 명절이면 먹었을 빈자떡·수정과·너비아니였으며, 술도 그 당시 유행했던 맥주나 양주가 아닌 우리 전통술이다. 그는 추억 깃든 음식에 대한 사무치는 갈망은 생리적인 것으로, 이길 수가 없다고 고백하고 있다.

| 비빔밥(골동반) 우리 선조들은 차례를 지내는 명절, 잔칫날, 각종 제삿날은 성스런[聖] 날이니 잘 먹고, 보통 날에는 간단한 식사를 하였다.

예부터 산신제나 동제, 시제 등 제사를 마치고 나면 제사상에 놓인 술이나 그 밖의 제물을 먹는 것을 '음복(飮福)'이라 한다. 제에

참석한 사람은 빠짐없이 음복을 해야 하는데 집에서 떨어진 곳에서 제사를 지내니 식기가 제대로 갖추어져 있지 않았다. 그래서 그릇 하나에 밥·나물밥·적 등의 제사음식을 함께 담아 주니 먹을 때는 자연히 섞여서 비벼 먹게 된다. 비빔밥을 '골동반(骨董飯)'이라고도 하는데 골(汨)은 '어지러울 골' 동(董)은 '비빔밥 동'이므로 '여러 재료가 고루 섞여 있는 밥'이란 뜻이다. 제삿밥이 곧 비빔밥으로 발달한 것이라고 보아야 할 것이다.

『동국세시기』(1849)에는 '섣달 그믐날 저녁에 남은 음식은 해를 넘기지 않는다 하여 그것으로 비빔밥을 만들어 먹었'고 한다. 비빔밥이 처음 나오는 문헌은 1800년대의 말 『시의전서(是議全書)』인데 '부뷤밥'이라 하여 밥에 나물과 볶은 고기, 전유어, 튀각 등을 넣고 소고기 내장을 끓인 잡탕국을 곁들였다고 한다.

농촌에서 논밭서 일을 하다가 바가지에 보리밥과 이런저런 푸성귀와 고추장을 넣고 새참으로 비벼 먹던 들밥도 비빔밥의 한 뿌리라고 할 수 있다. 이 비빔밥이 향토 명물 음식이 되기도 했다.

| 서울식비빔밥 고슬고슬한 밥을 참기름과 소금으로 양념하여 그 위에 갖가지 색의 나물과 전, 다시마튀각을 얹고 고추장을 곁들인다.

－ 전주비빔밥 소머리를 곤 국물로 밥을 지어 콩나물·고추장·육회·청포묵을 얹고 맨 위에 날계란을 깨어 넣는다. 콩나물과 물김치를 함께 내놓는다.

– 진주비빔밥 '꽃과 같은 음식'이라고 했다. 조갯살 볶은 것과 숙주나물을 쓰며, 반드시 선짓국이 따른다.

– 통영비빔밥 톳 · 청각 · 파래 · 홍합 등의 해산물을 듬뿍 넣는다.

– 함경도비빔밥 맵게 무친 닭고기를 얹은 밥에 뜨거운 육수를 넣어 비빈다. 고춧가루와 참기름을 섞은 '다대기'가 이 지방에서 유래했다.

– 해주비빔밥 돼지비계에 볶은 밥에 콩나물 · 고사리 · 김 등을 얹어 혹독한 추위를 이길 수 있는 기름진 것이었다.

– 함평비빔밥 쇠고기육회 · 전복 · 애호박 · 깻잎을 얹어 만든 육회비빔밥이다.

– 기타 거제도의 멍게젓갈비빔밥, 고추장 대신 된장양념장에 비비는 나주비빔밥, 부지깽이나물 · 참고기 · 미역취 등 산나물을 푸짐하게 올려 주는 울릉도비빔밥, 제사 음식처럼 고춧가루와 파 마늘을 쓰지 않는 안동헛제사밥 등이 있다. 비빔밥은 비상시나 전쟁 때의 음식, 단체급식용이나 대중식당용 일품요리로 발전하였고, 영양학적으로 매우 합리적인 음식이다.

〈 섣달그믐의 사색 〉

섣달그믐날 밤은 어둡고 깊다. 수렁처럼 깊은 침묵 속에 새는 노래하지 않고, 꽃의 자태와 산의 위용도 보이지 않는다. 그

헐벗은 겨울나무가 몸 안에 얼음을 품고 봄을 피워 내듯이 어두운 밤은 새날로 열려 있다. 이윽고 새벽은 오리라.

러나 들판의 망초 꽃처럼 흔하디 흔한 것에도 의미를 주는 이가 있고, 아직 묻어야 할 후회도 남아 있다. 그래서 삶이란 슬픔조차 아름답지 않은가. 헐벗은 겨울나무가 몸 안에 얼음을 품고 봄을 피워 내듯이 어둔 밤은 새날로 열려 있다. 이윽고 새벽은 오리라. 우린 또 우리의 길을 가야 한다.

시절 음식

전통 떡

떡은 별식이며 간식으로 추수가 끝난 가을철과 겨울철에 주로 많이 해 먹는 음식이었다. '여름비는 잠비, 가을비는 떡비, 겨울비는 술비다.'라는 말이 있듯이 곳간에 곡식이 넉넉하니 가을비가 오는 날은 별식으로 떡을 해 먹는다. 이런 별식 떡은 반드시 이웃이나 친지 집에 보내어 나누어 먹었다.

떡은 농경문화의 산물로, 우리나라를 비롯해 중국·일본·동남아시아의 여러 국가들이 떡 문화권에 해당한다. 떡은 일상에서 벗어나 특별한 날, 익숙한 날로부터 축제와 같이 미각과 시각의 즐거움을 주는 매개체가 된다. 우리의 떡은 계절에 따라 즐기는 대표적인 절식으로, 백일·생일·회갑·상례·제례 등의 통과의례와 고사·풍어제 등에 가장 앞선다.

떡은 신에게 바치는 제물이나 악귀를 물리치는 의례와 갖가지

길흉 행사에 빠지지 않는 음식으로 여겼다.

우리의 식생활 풍습에서 각종 의례음식의 첫째 자리를 차지하는 것이 떡이다. 상용음식이면서 의례음식화되어 떡의 재료에는 곡물뿐 아니라 다양한 과실과 식물의 색과 향을 이용하여 영양성도 우수하다. 지방마다 독특한 재료를 이용한 향토 떡이 발달하여 조선시대 이후 문헌에 수록된 떡만 해도 190여 종에 이른다. 우리 조상들은 열두 달 명절마다 떡을 달리하여 빚어 먹었다. '풍류와 슬기로 빚은 별식'인 떡타령을 들어 보자.

> 정월보름에는 달떡이요, 이월한식에는 송편이며, 삼월삼질 쑥떡이로다 / 사월팔일에는 느티떡, 오월단오에는 수리치떡, 유월유두 밀전병이라 / 칠월칠석 수단이요, 팔월가위 오려송편, 구월구일 국화편이라 / 시월상달 무시루떡, 동짓달동지에 새알심이, 섣달그믐에 골무떡이로다.
>
> – 떡타령

떡에 관한 속담

조선시대에는 떡 속담만도 셀 수 없이 많았다. '흉년 떡은 꿈에만 봐도 살찐다.', '떡이 있어야 굿도 한다.', '떡이 있어야 설도 쇤다.', '떡이 있어야 제사도 지낸다.', '찰떡 같은 정분이다.' 등 일

상생활의 모든 삶 속에 떡이 있었다. 미루어 보아 우리 민족이 얼마나 떡을 중요시했는지 짐작할 만하다.

서울 지역에 전해 내려오는 「떡타령」을 듣다 보면 다양한 떡의 종류와 모양, 색깔, 떡을 먹는 가지가지 이유를 풀어 놓은 타령의 해학에 신명이 난다.

> 두귀발쪽 송편이요 / 세귀발쪽 호만두 / 네귀발쪽 인절미로다
> // 먹기 좋은 꿀설기 / 보기 좋은 백설기 / 시금 털털 증편이로
> 다 // 키 크고 싱거운 흰떡이요 / 의가 좋은 개피떡 / 시앗 보
> 았다 셋붙이로다 // 글방 도련님 필낭떡 / 각집 아가씨 실패떡
> / 세살등등 타래떡이로다 // 서방사령(書房使令)의 청절편 / 도
> 수포수 송기떡 / 대전별감의 새떡이로다.
>
> ─ 서울 지역 떡타령

| 숙종 임금의 푼주떡 우리 속담에 '푼주의 송편 맛이 주발 뚜껑 송편 맛만 못하다.'는 말이 있다. 조선시대 숙종 임금이 밤에 미행으로 남산골을 순시할 때의 일이다. 어느 누추한 집에서 젊은 남편은 낭랑히 글을 읽고 새댁은 등잔 밑에서 바느질을 하는 모습을 보게 되었다. 얼마쯤 지나자 남편이 배가 출출하다고 하자 아내가 조용히 일어나 벽장에서 주발 뚜껑에 감긴 송편 두 개를 내놓았다. 남편은 한 개를 얼른 먹고 또 하나를 집어 입에 물더니 아내에게 다정히 먹여 주었다. 이 광경에 감동한 왕은 궁에 돌아와 왕

후에게 송편이 먹고 싶다고 했다. 이내 수라상 위 큰 푼주에 높다랗게 괴어 격식을 갖춘 송편이 들어왔지만 왕은 실망을 감출 수 없었다. 왕이 원했던 것은 가난하지만 다정한 부부의 오붓한 정이 그리웠지 큼지막한 대야에 그득한 송편을 먹고자 한 것은 아니었다.

떡의 축원성

'제사떡도 커야 귀신이 좋아한다.', '떡 본 김에 제사 지낸다.'라는 말도 제물로서의 떡의 쓰임을 잘 말해 준다. 마마병·나도래미·노랄병(老辣餠)·외랄병·무쉥이·시래기떡·호박모시리떡 등 재미있는 떡 이름도 많다. 이중 마마병은 '마마떡'이라고도 하는데 천연두를 앓을 때, 마마꽃이 잘 솟으라는 뜻으로 해 먹었던 떡이라고 한다.

┃똥떡 '똥떡'이라는 것이 있다. 옛날 재래식 변소는 깊고 커서 사람들은 그 속에 측간신(廁間神)인 '노일저대'가 살고 있다고 믿었다. 노일저대의 배가 고프면 일을 보러 온 아이를 밑으로 떨어지게 하고, 똥통에 빠진 아이는 죽고 만다고 했다. 그래서 아이가 변소에 빠지면 노일저대를 위해 쌀떡을 동그랗게 송편 크기로 빚어서 쪄 놓고 무당을 청해 빌었다. 변을 당한 아이는 이 떡 백 개를 들고 온 동네를 돌아다니면서 '똥떡! 똥떡!' 하고 외친다. 이렇

게 외치며 이웃사람한테 골고루 떡을 나눠 줘야 액운을 면할 수 있다고 믿었다.

| 붉은팥시루떡   귀신도 무서워하는 것이 있으니, 붉은색과 붉은팥시루떡은 부적과 같은 효과가 있다고 믿었다. 무당이 굿을 할 때 팥고물을 얹은 팥시루떡을 시루째 상에 올려놓거나 시루 위에 삼지창을 꽂아 두는 것도 잡신을 겁주기 위한 장치라 할 수 있다. 이때 귀신에게 제물로 올렸던 떡은 아무리 먹어도 체하지 않는 '복떡'이라 하여 이웃과 친척들에게 나눠 주었다.

| 용떡   경상도 지방의 어촌에서는 초하루부터 보름 사이에 가래떡을 용처럼 둥글게 빚어 올려 영등제를 지내면 풍랑이 일지 않는다고 믿었다. 또 용떡을 먹으면 아들을 낳는다고 믿어 혼례 때에 이를 빚어 교배상에 올리기도 했다.

|
절기에 따른 떡과 음료

떡과 화채는 우리 전통 음식 중에서 계절의 미각과 멋을 가장 잘 느낄 수 있는 음식이라 할 수 있다.

봄에는 쑥이나 꽃을 이용한 쑥설기·쑥절편·계피떡·진달래화전에 새콤달콤한 오미자화채를 곁들이고, 여름에는 잘 쉬지 않는 깨고물을 쓴 찰편이나 막걸리로 발효시킨 증편, 찰떡을 지진 주악에 시원한 꿀물이나 수박·참외 등의 과일을 곁들인다. 가을에는 그해 수확한 잡곡과 햇과일을 넣은 떡에 따뜻한 차가 적당하다. 겨울에는 주로 곶감·밤·대추를 넣은 떡이나 찰떡·단자·두텁떡을 많이 해 먹는데, 차는 따뜻한 유자차·모과차·대추차가 좋다. 추석에는 햇곡식과 과일을 소로 하여 빚은 송편에 햇과일로 만든 조과류나 화채가 어울린다. 특히 정월에는 떡국차례에 쓰는 흰떡을 물들여 떡살로 찍어 내는 절편에 유과나 엿강정, 엿 등을 곁들인다.

> 떡 사오 떡 사오 떡 사려오 / 정월보름 달떡이요 / 이월 한식 송병(松餠)이요 / 삼월삼질 쑥떡이로다 // 사월 파일 느티떡에 / 오월 단오 수리치떡 / 유월유두에 밀전병이라 // 칠월 칠석에 수단이요 / 팔월 가위 오려송편 / 구월구일 국화떡이라 / 시월 상달 무시루떡 / 동짓달 동짓날 새알심이 / 섣달에는 골무떡이라.
>
> — 서울 지방, 「떡타령」

사계절이 뚜렷한 우리나라는 열두 달 절기가 바뀔 때마다 산물이 다르고 그 절기에 나오는 재료로 특별한 떡을 만들어 먹었다. 자연에 순응하고 철 따라 시절식을 만들어 이웃끼리 나누어 먹는 우리 조상들의 일 년 열두 달의 절기를 「떡타령」으로 감칠맛 나게 풀어 놓은 한 구절이다.

절기에 따른 떡과 음료

월	떡과 음료
1월(正月)	가래떡, 인절미, 절편, 꿀찰떡, 삼색주악, 각색단자, 깨강정, 오메기떡, 다식, 유과, 식혜, 수정과, 생강차, 인삼차
정월 보름	약식, 꽃인절미, 유과, 원소병, 율란, 조란
2월(中和)	노비송편, 개피떡, 산병, 곱창떡, 농주
3월(重三)	쑥송편, 두견화전(진달래화전), 쑥버무리, 청절편, 웃지지, 복령병, 쌀강정, 진달래화채, 오미자화채
4월(燈夕)	느티떡, 청절편, 녹두찰편, 쑥설기, 석이단자, 삼색편, 매작과, 차수과, 청면, 장미화채, 순채화채
5월(端午)	차륜병, 수리취절편, 쑥절편, 쑥떡, 기주떡, 주악, 앵두편, 살구편, 정과, 보리수단, 앵두화채
6월(流頭)	상추떡, 깨찰편, 옥수수설기, 상화병, 밀전병, 색비름화전, 송화밀수, 산딸기화채, 미수(미숫가루물)
7월(七夕)	밀전병, 강냉이떡, 밀개떡, 깨인절미, 증편, 쇠머리떡, 정과(도라지, 연근, 박, 사과, 산사), 제호탕, 오미자화채, 여름밀감화채, 미수
삼복(三伏)	깨찰편, 밀설기, 주악, 떡수단, 수박화채, 미수
8월(秋夕)	오려송편, 콩떡, 호박떡, 조떡, 콩깨동부인절미, 개성주악, 밀쌈, 전병, 상화, 수박화채, 복숭아화채
9월(重陽)	감국화전, 밤단자, 밤떡, 감떡, 호박떡, 쇠머리떡, 주악, 토란병, 율란, 조란, 곡차, 국화차

10월(告祀)	팥시루떡, 무시루떡, 콩인절미, 감떡, 밤경단, 백자편, 다식 (깨, 콩, 승검초, 송화), 녹차
11월(冬至)	물호박떡, 대추인절미, 석탄병, 밤단자, 약과, 식혜, 모과차, 오과차, 유자화채, 대추차
12월(섣달)	골무떡, 두텁떡, 유자단자, 빙사과, 곶감쌈, 호두강정, 배숙, 모과차, 식혜

조리법에 따른 떡의 종류

곡류를 낱알 그대로 쪄낸 것을 안반에 놓고 쳐서 만든 친 떡에는 인절미 · 잡과찰떡 · 석이찰떡절편 · 바퀴떡 · 송피(松皮)절 편 등이 있다. '인절미(仁節味)'는 어진 마음과 절도 있는 맛이란 뜻이다. 결혼 · 서약 · 합격 · 단합 등 끈끈한 결속력을 위한 동심일 체를 다지는 떡으로 인절미만 한 떡이 없다.

시루떡은 쌀가루를 시루에 켜켜로 안쳐서 찌는 것인데 쌀가루에 섞는 재료와 고물의 종류에 따라 떡의 명칭이 달라진다. 축제나 고 사에 필수적인 우리나라 대표적인 떡이다. 초파일 무렵에는 느티 나무 연한 잎이나 쑥, 여름에는 상춧잎, 겨울에는 채 썬 무 등을 섞 어서 켜를 두툼하게 하여 찐다. 그 밖에 콩시루떡 · 무시루떡 · 당 귀떡 · 느티나무떡 · 도토리가루를 섞은 도토리떡, 밤가루에 꿀물 을 섞어 쪄 낸 밤떡, 복숭아즙으로 반죽한 복숭아떡 등이 있다.

찌는 떡(증병류)

시루에서 쪄서 만든 떡류로, 모양새에 따라 설기떡과 켜떡으로 나뉜다.

떡 이름	주재료
느티떡	멥쌀가루 + 느티나무 연한순 · 설탕 · 팥
백설기	멥쌀가루 + 설탕
과일설기	멥쌀가루 + 밤 · 대추 · 곶감 · 유자
삼색별편	멥쌀가루 + 송기편 · 송화편 · 흑임자편
호박고지찰편	찹쌀가루 + 호박오가리 · 흑설탕
고려밤떡(高麗栗樵)	멥쌀가루 + 말린 밤가루
석이병(석이찰떡)	찹쌀가루 + 석이버섯가루
증편(기주떡)	멥쌀가루 + 막걸리 + 석이채, 대추채
청애병(靑艾餅)	멥쌀가루 + 어린 쑥잎
귤병떡	멥쌀가루 + 귤병
도행병(桃杏餅)	멥쌀가루 + 복숭아즙, 꽃 + 살구즙
찰편	찹쌀가루 + 승검초 · 깨 · 거피팥
도토리떡	차수수가루 + 도토리가루
당귀병	멥쌀가루 + 당귀가루

백합병	멥쌀가루 + 백합 뿌리 가루
상추떡	멥쌀가루 + 상춧잎
송피떡	멥쌀가루 + 송피가루 + 거피 팥고물
쇠머리떡	찹쌀가루 + 밤 · 곶감 · 검은콩 · 붉은팥
적복령편	멥쌀가루 + 복령가루 · 계피가루 · 잣가루
밤가루설기	멥쌀가루 + 밤가루 · 계피가루 · 꿀물
마마떡	멥쌀가루 + 소금 간을 하지 않은 붉은 팥
만경떡	찹쌀가루 + 밤 · 대추 · 삶은 콩 · 팥
무쇵이	멥쌀가루 + 삶은 콩 · 팥
석탄병(惜呑餠)	멥쌀가루 + 감(柿)채 · 생강 · 잣가루 · 대추 · 밤을 섞은 고물
수수도가니	풋콩 + 수수 반죽(반죽을 번갈아 켜켜이 얹음)
시래기 떡	멥쌀가루 + 불린 시래기 · 붉은 팥고물
신선부귀병	밀가루 + 말린 백출 · 창포 · 마 + 꿀물
외랑병(外廊餠)	찹쌀가루 · 멥쌀가루 · 뿌리가루 + 검은 설탕
이자병(李子餠)	멥쌀가루 + 씨 뺀 오얏 · 삶은 매실 · 감초탕 · 잣 · 설탕
침떡	좁쌀가루(쌀가루) + 팥고물
호박모시리떡	멥쌀가루 + 날 청둥호박채

치는 떡(도병류)

　　찹쌀 · 멥쌀 등을 시루에 쪄서 익힌 뒤에 절구나 안반에 놓고 곱게 쳐서 만든 떡이다. 인절미 · 가래떡 · 절편 · 개피떡 등이 있다.

떡 이름	주재료
감인절미	찐 찹쌀 + 감가루
거멀접이	삶은 수수가루 반죽 + 팥고물
고치떡	흰떡을 분홍 · 노랑 · 푸른색으로 물들인 누에고치 모양
꽃산병	오색물 들인 멥쌀떡 + 문양 찍음
반착곤떡	반달 모양의 절편
어름소편	얇게 민 흰떡 + 속(숙주 · 미나리 · 오이)
인병(引餠)	찐 찹쌀 + 검정콩가루 · 깻가루
잡과인절미	찐 찹쌀 + 곶감 · 대추 · 밤 등의 과실
주염떡	인절미 + 팥소 + 콩가루 – 송편 모양
송피떡	쌀가루 + 송기(소나무 껍질) 가루
쑥떡	찐 멥쌀 + 쑥 + 콩가루
쑥인절미	찐 찹쌀 + 어린 쑥
쑥절편	찐 멥쌀 + 쑥 ※떡쌀 문양 찍기
송기절편	쌀가루 + 송기 ※떡쌀 문양 찍기

수리취절편	쌀가루 + 수리취 ※떡쌀 문양 찍기

빚는 떡

떡가루를 반죽하여 손으로 모양 있게 빚어 만드는 떡류이다. 송편 · 경단 · 단자류가 여기에 속한다.

떡 이름	주재료
삼색송편	멥쌀가루 + 데친 쑥 · 송기 + 소(밤 · 풋콩 · 깨 · 거피 팥고물)
각색경단	찹쌀가루 + 밤콩 · 파래가루 · 노란콩가루 · 거피 녹두 · 흑임자
감자송편	감자녹말 + 팥고물
닭알떡	멥쌀가루 + 거피팥고물 · 꿀
복숭아단자	찹쌀가루 + 복숭아 · 호둣가루
살구단자	찹쌀가루 + 말린 살구 · 잣가루
쑥개떡	보리겨(서민용) + 쑥, 멥쌀(부자 · 양반용) + 쑥
보리개떡	햇보리 + 간장 · 참기름
모시풀편	멥쌀가루 + 삶은 모시잎 · 호두
밀개떡	햇밀 맷돌 갈기 + 쑥

| 꿀물경단 | 찹쌀가루 + 멥쌀가루 + 쑥즙·맨드라미 꽃물·치자물 ※꿀물 |
| 오색경단 | 찹쌀가루 + 노란콩가루·푸른콩가루·밤가루·흑임자·계피가루·차가루 |

지지는 떡(전병, 유전병)

　　찹쌀가루나 수수·율무 등의 잡곡가루를 익반죽한 뒤 빚어서 기름에 지지는 떡이다. 화전·주악·부꾸미 등이 이에 속한다. 『임원경제지』「정조지(鼎俎志)」에 찹쌀가루와 꽃을 섞어서 지진 것을 '화전', 밀가루를 둥글게 지진 것을 '전병'이라 했다는 기록이 있다.

떡 이름	주재료
두견화전	찹쌀가루 + 진달래꽃　※진달래전
배꽃전	찹쌀가루 + 배꽃
장미화전	찹쌀가루 + 노란장미 꽃잎
국화전	찹쌀가루 + 국화꽃(감국)
차노치	찹쌀가부 + 지지(분홍색)
차조기떡	찹쌀가루 + 차조기잎
치자주악	찹쌀가루 + 치자물

맨드라미꽃전	찹쌀가루 + 맨드라미꽃
출단화전	찹쌀가루 + 출단화꽃(황매화)
삼색부꾸미	찹쌀가루 + 수수가루 · 파래가루
겸절병법	밀가루 · 메밀가루 · 녹두가루 반죽 + 고기 소 ※만두 모양
권전병	찐 메밀가루를 작고 얇게 민 것
노덕	좁쌀을 엿기름에 삭힌 것
대추주악	찹쌀가루 + 다진 대추 ※송편 모양
석류병	익반죽한 찹쌀가루 ※석류 모양
섭전	찹쌀가루 + 물에 탄 소주 반죽 ※국화잎 · 밤 · 대추 · 석이버섯채로 장식
우메기	찹쌀가루 + 멥쌀가루 + 탁주 · 설탕 반죽
토련병(土蓮餠)	찹쌀가루 + 토란가루 ※토란떡 : 찹쌀가루 + 삶은 토란
주악	찹쌀가루로 지져 꿀에 재우고 계피가루 뿌림 ※송편 모양

삶은 떡(경단·단자류)

쌀가루나 잡곡가루 등을 반죽하여 끓는 물에 삶아서 건지거나 그것을 다시 쳐서 만든 떡류이다.

떡 이름	주재료
삼색단자	쑥단자, 석이단자, 대추단자
유자단자	찹쌀가루 + 유자껍질 다진 것
건시단자	찹쌀가루 + 건시·황률가루
감떡	감가루·찹쌀가루·대추가루 삶아 고물
감자경단	찐감자 + 설탕·소금·계피가루-고물
경단	찹쌀가루를 익반죽하여 둥글게 빚어 삶아 고물
청매경단	찹쌀경단 + 청매(靑梅)채 고물
좁쌀풀떡	차좁쌀가루(익반죽) + 고물
언감자떡	언 감자가루(익반죽) + 팥소 ※송편 모양
수수무살이	차수숫가루(익반죽) + 거피 팥고물 ※ 큼직하게 빚음
꼬장떡	멥쌀·좁쌀가루 경단
노랄병	찹쌀·생강·계피가루 + 꿀팥소
솔방울떡	멥쌀가루(치자·오미자·쑥 각자 반죽) + 소(대추·깨·꿀) ※솔방울 모양

율무단자	찹쌀가루 + 율무 가루(익반죽) + 고물
율무경단	율무가루 + 고물
두텁떡	찹쌀가루(꿀물 반죽) + 소(호두 · 계피 · 꿀) + 팥고물

상품화된 지역 특산 떡

| 영광 모시잎 송편   멥쌀가루에 삶은 모시잎을 섞어 반죽한 뒤 팥 소를 넣고 송편처럼 빚는다. 찐 송편은 참기름을 발라 감잎에 싸서 내놓는다. 예전에는 노비송편처럼 손바닥만 하게 빚었지만, 상품은 먹기 적당하게 빚어, 콩 · 녹두 · 흑임자 등 다양한 소를 쓴다.

| 의령 망개떡   망개는 청미래의 경상도 사투리다. 소금에 절여 찐 망개잎으로 떡을 감싸 떡이 굳거나 쉬는 걸 막아 준다. 팥앙금이 들어 있는 멥쌀가루 피가 쫄깃쫄깃하다. "망개 잎으로 감싸 사과처럼 향긋하다."라는 평을 듣는다. 묘하게 상큼한 망개잎 향이 떡에 배어 있어 구미를 돋운다.

| 영주 순흥 기지떡   '서리꽃처럼 희고 아름답다'는 뜻을

지닌 상화병(霜花餠)은 고려가요에 등장할 정도로 오랜 역사를 지닌 전통 발효떡이다. 기지떡·기주떡이라고도 하는데, 멥쌀가루에 막걸리를 섞어 발효시킨 뒤 쪄 낸다. 약간의 술내와 은근한 신맛, 단맛이 특징이다. 떡 중에서 유일하게 발효 과정을 거치며, 빵과 비슷하게 폭신하고, 소화도 잘되는 것이 인기 요인이다.

| 안동 버버리떡 '버버리'는 벙어리'의 안동 사투리로, 너무 맛있어서 한 입만 먹으면 벙어리가 된다는 뜻이다. 찰떡을 빚어 남성 손바닥 만한 크기의 직사각형으로 자른 뒤 앞뒤에 붉은팥·기피팥·콩가루·참깨·검은깨 고물을 두툼하게 묻힌다.

| 원주 감자떡 감자 녹말을 익반죽하여 팥·풋강낭콩·녹두앙금 등의 소를 넣고 송편처럼 빚어서 찐다. 쪄 낸 감자송편은 색이 거무튀튀하지만 뜨거울 때 먹으면 찹쌀과는 비교가 안 될 정도로 쫀득쫀득한 식감이 맛을 끌어올린다. 쑥감자떡·호박감자떡도 있다.

| 양양 미지떡 미지는 '밀랍'의 사투리로, 꿀을 채취하고 남은 벌집을 끓여 체에 밭쳐 굳힌 것이다. 떡을 만들 때 미지를 녹여서 들기름과 섞어 떡에 바르면 찰떡이 덜 굳으며, 은은한 향이 나고, 냉동실에 오래 두어도 이상한 냄새가 나지 않는다. 설악산 오색 약수터에는 위장병 환자가 많았다. '약수 마시고 인절미 먹으면

위장병도 낫더라.'라는 소문으로 송천마을 떡이 날개 돋친 듯이 팔린다.

| 정선 수리취떡 단오는 계절 가운데 으뜸이라는 의미의 '수릿날'이다. 수리취떡은 수릿날 먹던 절식으로, 멥쌀가루에 수리취 잎을 섞어 찐다. 쑥보다 짙고 신선한 수리취 향이 물씬 난다. 씹는 맛이 몰랑몰랑 부드럽다.

| 제주 오메기떡 오메기는 차조의 제주도 사투리다. 옛날 오메기떡은 차조만을 가지고 작은 도넛 모양으로 빚었다. 요즘은 차조에 찹쌀과 쑥을 섞어 떡을 만들고 팥소를 넣어 동그랗게 빚은 뒤 통팥을 묻힌다. 차조와 찹쌀의 쫄깃한 맛과 쑥의 향, 팥소의 단맛과 겉에 듬뿍 붙어 있는 통팥의 구수함이 투박하면서도 깊은 맛으로 한입 베어 물면 행복한 미소가 절로 나온다.

전통차

자연을 벗 삼아 풍류를 즐긴 우리 조상들은 한 잔의 차에도 건강과 여유를 생각하며 계절 감각을 담아 즐겼다.

중국의 작가 린위탕((林語堂, 1895~1976)은 차 마시기 좋을 때를 '연못가의 수양버들이 봄비에 젖을 때, 오월의 신록 속에 뻐꾸기 울음이 떨어질 때, 삶이 시들하고 인생이 서글퍼질 때, 석류꽃이 피고 보름달이 뜰 때, 뒤란 대숲에서 사락눈이 내릴 때'라고 표현했다. 차는 어느 때나 마셔도 좋은 것이지만 자연을 느끼고 삶의 쓸쓸함과 아름다움을 느낄 때 누군들 한 잔의 차가 그립지 않겠는가.

은은하고 담백하며, 달콤쌉싸름한 맛을 내기도 하는 우리 전통 음료는 뜨겁게 마시는 '차'와, 차게 마시는 '화채'로 구분된다.

차

우리 역사에서 신라시대와 고려시대까지 부흥했던 차 문화가 급격히 쇠퇴하기 시작한 것은 숭유억불 정책을 폈던 조선시대에 들어와서였다. 조선시대에 불교가 퇴조하면서 차[茶]를 마시는 풍속이 쇠퇴하여 사찰에 일부 남았을 뿐이다. 반면에 향미가 많은 모과나 유자 같은 과일, 그 밖에 인삼을 위시하여 여러 가지 약이성 식품(藥餌性食品)으로 차를 달여 마셨다. 따라서 수시로 마시기 위하여 제철 과일을 꿀에 재워 두었고, 약재를 갈아 꿀에 재워 두거나 말려서 수시로 달여 마실 수 있게 하였다.

| 약차 약재를 달여 만든 차를 '약차(藥 -)'라고 하는데, 인삼 · 구기자 · 당귀 · 두충 · 칡 · 생강 · 결명자 · 오가피 · 쑥 · 국화 등의 약재료 한 종류만 달이거나 몇 가지를 합하여 달인다.

| 과실차 대추 · 모과 · 오미자 · 유자 등을 달이거나 설탕이나 꿀에 절여서 청을 만들어 쓴다.

| 곡물차 보리 · 콩 · 율무 · 옥수수 등의 곡물을 볶아서 달여 차로 마신다.

전통차의 재료와 특징

차 이름	주재료	효능 및 특징
국화차	말린 국화꽃잎	불로장수차. 해열 · 해독 작용, 두통 · 어지럼증 · 고혈압 개선
석류감초차	석류꽃, 석류껍질, 감초	심장 기능 강화, 소화불량 · 식욕부진 · 아토피체질 개선
연자차	연밥(연실)	강정 · 강장 작용. 과음 후 설사 · 여성 냉증 개선
구기자차	구기자 열매	신선의 약. 노화 예방. 생리 작용 원활. 만성간염 · 현기증 · 동맥경화 예방
더덕차	더덕	거담 · 진해 · 해열 작용, 기침 멈춤 작용, 콜레스테롤 함량 낮춤.
대추차	대추	신경피로 개선, 강장 · 강정, 식욕 부진 개선
유자차	유자	감기몸살 · 신경통 · 중풍 개선, 주독 풀고 피로 해소
치자차	치자	해열 · 진통 · 소염 · 지혈 작용
뽕차	뽕나무 가지	비만 억제, 고혈압 · 동맥경화 개선
모과차	모과	신경통, 요통, 근육경련, 손발저림, 감기몸살 개선
인삼차	수삼, 대추, 생강	기력 보강, 심신 안정, 체력 증진, 만성체증 개선
생강차	생강	감기 개선, 혈액순환, 식욕 증진
결명자차	결명자	독특한 향기, 장기 복용하면 눈을 밝게 함

칡차	칡뿌리, 대추	위장 보호, 숙취 해소, 비만·어깨결림·고혈압 개선
송차	발효 솔잎	심장 기능 강화. 새콤 달콤한 떫은맛을 동시에 느낌
돌감잎차	돌감나뭇잎	감기, 피부 미용 ※새순, 음력 7월에 채취한 감잎 사용
댓잎차	댓잎	원기 회복, 감기몸살로 인한 열독 해소 ※색이 푸르고 깔끔한 맛
원추리꽃차	원추리꽃	스트레스 해소, 신경 안정, 해독, 식중독 예방
매실차	청매실	소화 흡수 작용, 식중독 예방, 피로 해소
장미꽃차	장미꽃	노화 예방, 피로 해소, 긴장 완화, 열독 해소
비파차	비파잎	폐를 맑게 함, 진해·거담 작용, 신진대사 원활 ※약간 쓴맛
오미자차	오미자	호흡 기능 개선, 혈압 조절, 당뇨 개선 ※여름엔 차게, 겨울엔 따뜻하게
자소차	차즈기	위장염 개선, 소화 촉진, 어육 중독 해독
홍화차	홍화	어혈 해소, 골다공증·부인병 개선
도라지차	도라지 생강	해열 작용. 천식·폐결핵 개선 ※사포닌 성분이 가래와 기침을 낫게 함
감두차	약콩, 대추	심장병·동맥경화·고혈압 개선
쑥잎차	쑥잎	위액 분비 촉진, 손발·아랫배 찬 데 효과
맥문동차	맥문동	마른기침 개선 ※성질이 차 열을 식히고 갈증 해소

온초탕	대추, 생강, 꿀	※대추 생강을 함께 푹 끓임
봉수탕	실백, 호두	실백과 호두를 곱게 찧어 꿀에 개어 두고 끓는 물에 타 마심
오과차	호두, 대추, 밤, 은행, 잣	식욕부진 · 빈혈 개선, 거담 작용, 신체 기능 회복 작용 ※허약자 · 노인 · 소아 호흡기 보강에 효과적인 가족 건강 약차
계피차	계피	몸속 뭉쳐 있는 냉기를 풀어 아랫배 · 손발 · 무릎 · 허리 냉증 해소
보리차	볶은 보리	소화 촉진, 갈증 해소, 답답한 증상 해소
둥글레차	둥글레	남성 정력 강화, 피부 미용, 노화 예방, 변비 · 간기능 장애 개선
우롱차	우롱	피로 해소, 소화 촉진, 다이어트 ※녹차와 홍차의 중간 성질을 가진 반발효차
황기차	황기	땀 조절, 이뇨 작용, 만성피로 · 불면증 개선
율무차	율무	무릎 관절의 부종 · 변비 · 불면증 개선
귤차	귤	피로 해소, 신진대사 활발 ※비타민 C, 구연산 풍부
녹차	녹차	피로 해소, 만성적인 심장질환 개선
다시마차	다시마	고혈압 예방, 스트레스로 뒷머리 뻣뻣한 데 효과
파뿌리 생강차	파뿌리, 생강	땀과 함께 나쁜 기운 빠져나가 열이 끓는 몸살감기에 효과

유사차 종류

이용 부위	종류
꽃잎차	국화차, 매화차, 귤화차
과일차	모과차, 유자차, 포도차, 오과차, 귤피차
곡물차	결명자차, 녹두차, 율무차
약재차	계피차, 당귀차, 생강차, 오미자차, 인삼차

화채

　　화채는 우리나라의 전통 후식으로, 꿀이나 설탕을 탄 오미자국물에 제철 과일이나 꽃잎, 잣을 띄워 마시는 음료이다. 차게 마시는 여름 음료는 무엇으로 맛을 내는가에 따라 4가지로 나눌 수 있다.

　　첫째, 꿀이나 엿기름을 기본으로 하는 음료다. 꿀물을 이상적인 음료로 쳤다. 더위도 식히고 약효도 뛰어나다. 꿀과 엿기름으로 맛을 내는 음료는 식혜 · 보리수단 · 떡수단 · 원소병 · 송화밀수 등이 있다.

　　둘째, 약재를 이용한 음료다. 한방에서 쓰는 약재를 여러 가지 섞어서 맛을 내기도 한다. 수정과 · 제호탕 · 계피화채 · 미삼화채 등이 이에 속한다.

셋째, 오미자 국물을 이용한 음료다. 오미자는 신맛 · 쓴맛 · 단맛 · 매운맛 · 짠맛이 나서 신체의 각 부분을 다스리는 효과가 있다고 한다. 보리수단 · 진달래화채 · 배화채 등이 있다.

넷째, 과일과 과일즙을 이용한 것으로, 과일이 흔한 여름철 음료다. 앵두화채 · 딸기화채 · 산딸기화채 · 수박화채 등이 있다. 색을 내는 색소로 오미자즙 · 딸기즙 · 연지 · 식용색소 등을 사용하였다. 요즘에는 오렌지주스도 많이 활용한다.

화채의 종류

화채 이름	주재료 ※꿀로 단맛을 냄(시럽이나 설탕으로 대체 가능)
원소병	오방색(쑥, 오미자, 치자, 석이버섯)
국화화채	감국(녹두 녹말을 묻혀 데침)
진달래화채	진달래꽃 + 오미자국물
장미화채	노란장미꽃 + 오미자국물
유자화채	유자 껍질 채 썬 것 + 배채 + 유자청
앵두화채	앵두 + 오미자국물
복분자화채	복분지
복숭아화채	복숭아(꿀에 재어 둔 것) + 오미자국물
수박화채	수박(속살에 설탕 뿌려 놓음) + 오미자국물

여름밀감화채	밀감 + 오미자국물
귤화채	귤알(설탕에 재어 놓은 것) + 고명(실백 · 석류)
배화채	배 + 오미자국물
오미자화채	배 + 오미자국물
딸기화채	딸기즙(설탕에 재어 놓은 것) + 딸기
가련화채	연잎에(녹두 녹말 묻혀 데친 것) + 오미자국물
송화밀수	송화가루
떡수단	흰떡(녹말가루 묻혀 데친 것) + 오미자국물
보리수단	삶은 보리(녹말가루 묻혀 데친 것) + 오미자국물
착면(창면)	녹말국수(녹말을 풀어 쟁반에 펴 중탕으로 익혀 채 썬 것) + 오미자국물
식혜	고두밥에 엿기름 가루 우린 물을 부어 삭힌 음료 ※연엽식혜(연잎), 안동식혜(고춧가루)
수정과	계피 · 생강 · 통후추 · 설탕 넣고 끓인 물 + 곶감 ※가련수정과(연꽃잎), 잡과수정과(유자) ※배수정과(배숙) 배 껍질 벗겨 4등분하여 통후추 박음 + 생강물에 끓임

계절에 따른 음료와 후식

계절	화채 및 후식 음료
봄	진달래화채, 앵두화채, 화면(花麵), 순채화채, 매화차
여름	장미화채, 가련화채, 앵두화채, 복숭아화채, 제호탕, 미수(米水), 떡수단, 보리수단, 송화밀수, 향설고
가을	배화채, 유자화채, 복분자화채, 국화화채, 율추숙수(栗皺熟水, 밤속껍질차)
겨울	식혜, 수정과, 밀감화채

계절에 따른 화채와 혼합차

계절	화채, 기타 음료	혼합차
봄	진달래화채, 앵두화채, 순채화채, 화면(花麵)	매화차, 산수유차, 살구꽃차, 진달래꽃차
여름	장미화채, 가련화채, 앵두화채, 복숭아화채	제호탕, 장미꽃차, 귤화차
가을	배화채, 유자화채, 배화채, 복분자화채, 국화화채, 율추숙수(栗皺熟水, 밤속껍질차)	맨드라미꽃차, 쑥꽃차
겨울	식혜, 수정과, 생강차, 대추차,	모과차, 유자차, 매실차, 솔잎차, 구기자차
기타	보리미수, 찹쌀미수, 잡곡미수, 누룽지미수	오과차, 율무차, 결명자차, 녹차

전통술

　　'난잡함에 이르지 않는 한 술은 예술이요, 환희요, 신명'이라 한다. '꽃에 취하기는 낮이 마땅하고, 취하여 흥겹거든 곱게 부르는 것이 마땅하고, 문인이 취함에는 마땅히 지나친 음악을 삼가고 장정(章程 : 규칙)을 조심해야 한다. 절주는 예요, 장정은 법이다.' 소동파는 『계주편인(戒酒篇引)』에서 "술은 천록(天錄)이라, 그 맛이 아름답고 사나움으로써 주인의 길흉을 안다."라고 하였으니, 풍속에는 술맛이 시고 나쁘면 주인집에 근심이 생긴다고 했다.

　우리 민족은 풍류를 알고 생활에서 멋을 찾았다. 일 년 열두 달을 기준으로 하고, 여기에 해당하는 의미를 부여하고 절기마다 술을 담가 계절의 풍요로움을 구가했다.

민속주 종류

새해 첫날에는 산초로 빚은 술을 '도소주(屠蘇酒)'라 하고, 정월대보름에는 귀밝이술[耳明酒], 한식날과 초파일에는 과하주(過夏酒), 5월 단오에는 창포주, 8월 한가위에는 동동주, 9월 중양에는 국화주 등 계절에 맞는 술을 빚어, 조상님께는 제주로, 어른께는 만수무강을 비는 뜻으로 드렸다. 조선시대 문헌에는 180여 가지 종류의 술이 등장할 정도로 많은 술이 있었다. 삼한 시대 이래로 전통적인 비법을 간직한 술이 빚어졌는데 우리 환경에 맞게 계승 발전되어 온 전통 민속주를 소개한다.

| 평양 감홍로 소주를 내리는 그릇 바닥에 꿀을 바르고 홍곡(紅穀)을 넣어 달고 발그레한 연짓빛이 난다.

| 평양 문배주 술이 익으면 우리나라 고유의 재래종 배인 문배의 꽃과 과실 향이 난다 하여 '문배주'로 불린다. 원래 평양 주암산에서 유래된 술로, 고려시대에는 왕에게만 진상되던 술로 입에서는 화한 향기가 도는 것이 특징이다. 문배나무의 과실은 전혀 사용하지 않고, 누룩·메조·찰수수로 빚는다. 이 술은 김대중 대통령과 김정일 국방위원장의 남북정상회담 만찬에서 건배주로 쓰여 화제가 되기도 했다.

| 전주 이강주 전주 특산물인 배와 꿀, 생강, 계피를 넣고 빚은 술로, 조선시대 3대 명주의 하나로 꼽혔다. 건위(健胃)·피로 해소·강장 작용을 하며, 취해도 정신이 맑아지는 강점이 있다.

| 전라도 죽력고 푸른 생대[生竹]를 베어다가 불 위에 얹어 뽑아 낸 대나무즙을 섞어서 빚은 소주로, 전국적으로 유명하던 술이다.

| 김천 과하주 약주와 소주를 혼합한 술로, 잘 발효된 청주에 증류한 소주를 넣어 일정 기간 숙성시켜 만드는 고품격 전통주이다. 봄부터 여름이 지날 때까지 마시는데, '여름[夏]이 지나도[過] 술맛이 변하지 않는다'라는 의미에서 '과하주(過夏酒)'라고 한다. 잘 빚은 과하주는 술 색이 노르스름한 황금 빛깔을 띠고 은은한 향을 풍긴다. 과하주를 담그는 시기는 봄철 우수, 경칩 무렵이지만, 대개는 정월 보름에 빚어 사월 초파일 쯤에 마신다.

| 면천 두견주 충남 당진의 면천 지방에서 유래한 것으로 진달래꽃을 원료로 한다. 일반 가정에서 가양주로 전해 왔으며, 담황색이 나고 단맛과 끈끈한 성질이 있으며 은은하게 퍼지는 진달래꽃 향이 특징이다. 두견주를 빚을 때 진달래꽃을 지나치게 넣으면 술 빛깔이 붉게 되고 쓴맛이 돌아 좋지 않다고 한다. 꽃잎을 채취할 때는 만개한 꽃을 선택하여 꽃술을 완전히 제거한 뒤 물에 씻

어 말려서 사용한다.

| 한산 소곡주(앉은뱅이술) 고려 때부터 내려온 토속주로, 술 색깔이 아름답고 부드러운 맛과 향이 일품이다. 누룩 가루와 술밑을 시루떡 안치듯이 시루에 채워서 백 일 정도 땅 속에 묻어 두는데 술이 다 되면 끈끈하고 노란 술이 젓가락 끝에 묻는다. 며느리가 술맛을 보기 위해 시루 뚜껑을 열어서 젓가락을 빨다 보면 어느새 취해 버려 일어서지도 못한 채 앉은뱅이처럼 엉금엉금 기어다닌다고 하여 '앉은뱅이술'이라고도 한다. 또 한양으로 과거를 보러 가던 선비가 한산을 지나며 목을 축이려고 주막에 들러 미나리전을 안주로 한 잔 하고 두 잔째부터 흥취가 돌아 시를 읊으며 달을 즐기다가 과거 날짜가 지나서 집으로 다시 갔다는 일화가 있다. 한산 사람의 손에 의해, 한산 건지산의 물로, 한산 땅의 기운에 의해서만 빚어진다고 한다.

| 송곡 오곡주 삼백 년 이상 곡차로 애용되었으며 보양 효과가 뛰어나고, 마실수록 정신이 맑아지는 특징을 가진, 인체에 무리를 주지 않는 대표적인 술이다.

| 안동 소주 고려시대에 담그던 순곡주로, 은은한 향과 감칠맛으로 이름났으며, 일제 강점기에는 만주까지 인기가 대단했다. 전설 속의 산처녀를 만날 수 있으리라는 청량한 마음으로 마셔야

한다는 깨끗한 술이다. 민간요법으로 배앓이, 독충에 물린 데 약으로 썼다.

| 안동 송화주 솔잎을 넣어 고두밥을 지은 뒤 황국을 넣고 빚은 술로, 색은 노르스름하며 솔 향기가 난다.

| 청주 대추술 누룩에 대추와 인삼을 넣고 찐 고두밥을 버무려 만든 술로, 이뇨 · 거담 효과가 있으며, 신경쇠약 · 빈혈 · 식욕부진 · 부인냉증을 개선하는 데 도움이 된다.

| 이화주 배꽃이 한창 피었을 때 담그는 탁주이다. 누룩과 술을 빚는 주재료로 쌀가루로 빚는다 하여 '가루술'이라고도 한다. 이화주는 흰색의 된 죽과 같은 상태의 술로, 다른 액체의 술과는 다르다. 가열 처리를 하지 않았는데도 오래도록 저장할 수 있고, 알코올 함량은 낮지만 고급 탁주로 분류된다. 새콤달콤한 맛에 영양가도 높아 옛날에는 젖을 뗀 어린아이들에게 젖 대신 간식으로 먹였다고 한다.

| 담양 죽통주 푸른 대나무를 굵은 마디마디 간격으로 잘라 죽통을 용기 삼아 구멍을 뚫고 술을 부어 발효시킨 술로, 청량한 대나무 향이 난다.

| 담양 죽엽주   대나무 잎을 넣어 끓인 물로 술을 빚어 술빛이 댓잎 같고 성질은 차다. 상초(上焦)의 열을 내리는 데 쓴다.

| 송화주   소나무의 꽃가루인 송홧가루를 넣고 빚은 술로, 빛깔이 노랗고 달착지근한 향내가 난다.

| 포도주(산포도주)   잘 익은 산포도를 비벼 즙을 내어 찹쌀 고두밥과 누룩으로 빚은 술로, 서양의 포도주와는 빚는 방법과 맛이 다르다.

| 교동 법주   경주 교동의 최씨 집안에 전해 내려오는 술로, 빚는 법도가 까다로워 '법주(法酒)'로 불린다. 신라시대 임금과 화랑들이 즐겨 마시던 궁중비주(宮中秘酒)로 손꼽히는 명주였으나 신라가 멸망하면서 그 비법이 민가에 전승되었다. 술빛이 맑고 투명한 옅은 황색을 띠며, 곡주 특유의 향기에 약간의 신맛과 단맛이 특징이다.

| 계룡 백일주   '신선주'라고 하며, 조선시대 임금에게 진상한 술이었다. 술맛이 진하고 부드러우며 감칠맛이 있다. 다양한 약리 작용이 있는데, 피부를 아름답게 하는 효과가 있다고 한다.

| 진도 홍주   보리쌀 고두밥에 누룩을 넣어 빚은 술을 증류

할 때 자초(紫草)를 얹어 붉은색을 낸 증류주이다. 자초는 지치 뿌리로, 한방에서 이뇨제 · 청혈제, 부스럼 약재로 쓰인다.

| 경기 부의주(동동주) 한가위는 조상께 차례를 지내고 성묘하는 날이다. 이때 찹쌀과 누룩을 원료로 빚은 술로, 쌀알이 동동 뜨고 감미가 있어 많은 사람들이 좋아하는 명절 술이었다.

| 아산 연엽주 아산 외암마을 이참판댁에 대대로 내려오는 술로, 무형문화재로 지정되어 있다. 잘 띄운 누룩에 멥쌀과 찹쌀로 고두밥을 찐 뒤 연잎과 솔잎을 넣어 빚는다. 조선 말 고종에게 봄철마다 진상하였다고 한다. 술은 진한 갈색으로 새콤하면서 끝에 단맛이 돈다. 연잎의 쓴맛이 발효되면서 단맛으로 변한 것이다.

| 경기 계명주 옥수수와 수수를 8 : 2의 비율로 섞은 뒤 엿을 고는 과정처럼 은근히 끓여서 엿물만 취하여 담근, 예스런 탁주이다.

| 함양 국화주 밑술을 발효시키고 나서 덧술을 빚을 때 국화 · 생지황 · 구기자 달인 물을 넣고 빚은 술로, 맑은 담황색을 띤다.

| 나비주 누에를 칠 때 쌍둥이 누에고치는 실이 두 가닥

엉켜 있어 실을 뽑을 수가 없다. 그런 것을 골라 아랫목에 묻어 두면 나비가 되어 나온다. 그 나비를 나오는 족족 소주 항아리에 넣어 일 년을 묵힌 술이다. 나비가 고치에서 나오면 교배를 하는데, 교배 이전의 것을 잡아서 넣어야 효과가 좋아 '만병통치요, 보양에 좋다.'고 했다.

| 제주 오메기술 차좁쌀로 오메기떡을 만든 뒤 댓잎과 누룩 가루를 넣어 빚은 술이다. 웃국만 떠낸 술을 곡주 특유의 향기와 약간 새콤하면서도 감칠맛을 주는 청주가 된다. 그리고 체에 걸러서 만든 술은 오메기술, 즉 탁주가 된다.

| 아황주 술의 색깔이 거위새끼 빛의 담황색을 띤다. 고려 왕실의 명주로 이규보가 은거할 때 자주 마셨던 것으로 보아 당시 민간에서도 널리 음용된 것으로 보인다.

| 와송주 비스듬히 누운 큰 소나무에 구멍을 파고 그 안에 술을 빚어 넣는데, 역시 소나무를 깎아 마개를 하고, 진흙으로 그 위를 바른 다음 풀로 덮어 빗물이 들어가지 않게 하여 술이 익으면 솔향이 좋은 술이 된다.

| 청명주 청명일은 집안의 우환을 없애고 소원 성취를 비는 제를 올리는데 이때 마시는 술이다. 삼월 삼짇날을 기하여 각

가정마다 솜씨를 발휘하여 봄에 피는 꽃이나 초근목피에 엿기름을 넣고 술을 빚은 뒤 20여 일간 발효시킨 청주로 단맛이 난다. 한식 차례와 성묘에 많이 쓰이는데, 찹쌀로만 두 번에 걸쳐 빚는 이양주다. 우리 관습상 제사를 앞두고 제주를 빚는 것은 당연한 순서지만, 지난 제사에 쓰고 남은 술을 다시 쓰는 것은 법도에 어긋난다. 청명주는 감미가 돌고, 빛깔이 맑고 깨끗하며 알코온 도수가 높지 않아 술을 마시지 못하는 사람도 즐길 수 있을 만큼 부드러운 것이 특징이다.

| 창포주 단오날의 술이다. 만물이 생기 왕성한 시기인 단오에 창포 뿌리를 짓찧어 낸 즙으로 빚은 술로 모든 나쁜 병을 쫓는 것으로 믿었다. 고려시대에는 창포주를 마시는 풍속이 일반화되어 있었다.

| 농주 농사일이 한창일 때 일의 능률을 높이기 위하여 만든 두레 또는 품앗이라는 것이 호남지방에서 성행하였다. 일을 할 때 식사와 술을 제공한다. 술은 주로 누룩과 쌀로 빚지만, 강원도에서는 옥수수, 제주도에서는 좁쌀 등으로 술을 빚었다.

| 삼해주 1차 담금은 정월 첫 해일(亥日), 2차 담금은 2월 첫 해일, 3파 담금은 3월 첫 해일에 담근다. 세 번의 해일에 담근다 하여 '삼해주'라 한다. 최소 36일에서 96일 걸리는 장기 발효주

이다. '삼해주' 하면 맨 먼저 떠오르는 말이 '금주령'이다. 조선시대 때 "삼해주를 빚는데 쌀의 소비가 너무 많아 술을 빚지 못하게 해 달라."는 상소문이 빗발쳤다는 그 술이다.

| 송순주 고두밥과 누룩에 소나무의 새순을 넣어 빚은 곡주와 곡주를 증류하여 소주를 빚는다. 여기에 다시 곡주를 빚는 과정에서 송순과 소주를 넣어 발효시키는 혼양주법이 있다. 문헌에 의하면 혼양주법을 더 선호했음을 알 수 있다. 혼양주라야 저장성이 높고 송순주 고유의 맛과 향을 음미할 수 있다. 술독 해소 효과가 크며, 맛과 향이 뛰어나다. 참고로, 소나무를 이용한 술을 3년만 마시면 움직일 때 마다 솔 향기가 난다고 한다.

| 송절주 4~5월경에 솔순과 송절 등을 넣고 끓여서 식힌 물에 찹쌀과 누룩을 합하여 빚은 술이다. 조선 선조 때 병조좌랑을 지낸 김택(金澤)의 부인이 위장병과 신경통으로 고생하는 남편을 위해 빚은 약주이다. 어느 여승의 말을 듣고 빚은 술을 장복한 결과 건강이 좋아졌다는 일화가 있다.

| 도화주 복숭아는 귀신을 물리치는 힘이 있다 하여 『본초강목』에는 '3월 상사일에 술에 도화를 담가 마시면 백병을 제거하고 얼굴빛을 좋게 한다.'라는 기록이 있다.

| 연자주 연자(蓮子)를 소주에 넣고 우린 술이다. 커피처럼 진한 색과 향기가 일품이다.

| 사삼주 약술인 사삼주는 더덕을 찹쌀과 함께 넣어 만든 전통 약술이다. 더덕은 약효가 인삼과 비슷하여 '사삼(沙蔘)'이라 불렸는데, 더덕은 오래 묵은 것일수록 좋다. 사삼주는 인삼 없이도 인삼 효과를 내어 오랫동안 마시면 강장 효과가 있다고 한다. 알코올 농도 14%의 연하고 부드러운 술이다.

|

술과 전통의식

술은 지역과 민족의 문화에 따라 각기 다른 풍토와 민속을 담고 있다. 그러나 동서양을 막론하고 술은 예로부터 제천의식에 그 기원을 두고 있다. 술은 하늘과 천지만물의 신과 조상께 바치며 거기에 모인 사람들이 함께 술을 나누어 마시고 함께 즐기는 데 쓰였던 음식이기도 하다. 술은 신과 인간의 융합, 인간과 인간의 융합을 기원하는 주술 매체이기도 했다. 그래서 신과 가장 가까운 음식을 술이라 한다. 술을 마시면 신바람이 생긴다. 그 신바람을 따라서 신은 찾아온다. 종교의식과 제사 의식은 신에게 술을 바치는 인간의 의식이다.

『주례』의「좌전장공이십년(左傳莊公二十年)」에는 술의 사회적

기능을 "술로써 예를 이룬다."고 했고, 노광(魯匡)은 "모든 예에는 술이 없으면 안 된다."라고도 했다. 이러한 이유로 기독교에서는 신과 인간의 수직관계에서 빵과 포도주를 매개로 하였고, 다신교에서는 수호신께 재물과 제주를 드렸다.

탈무드에는 "아침 술은 돌, 낮술은 구리, 저녁 술은 은, 사흘에 한 번 마시는 술은 황금"이라고 기록되어 있다. 이와 함께 적당하게 술을 마시면 머리를 좋게 한다고 가르치고 있다. 동시에 지나치게 마시면 지혜를 잃게 된다고 금하고 있다. 랍비들은 '술은 인간에게 훌륭한 약이며, 술이 있는 곳에는 약이 조금만 있어도 된다.'고 말하고 있다. 성서에는 술의 효용이 여러 번 비유의 대상으로 나오는데 주로 즐거운 일이나 풍족함을 나타낼 때 사용되고 있다.

동양에서도 신과 조상께 술을 바치고 복을 빌어 왔던 것이다. 신과 교통할 수 있고 신과 사람이 접할 수 있는 술은 종교에서 필수불가결하다.

고대의 술은 신성한 주력을 부리는 매체로서, 특정한 의식이나 행사와 결합된 것이었다. 유명(幽冥)의 신과 인간이 만나는 종교적 의례, 선조와 자손, 주인과 손님, 부부로서 일체화하는 의례 등 예의를 갖추는 하나의 매개물로 신성한 음료였기 때문이다. 고대부터 술은 신령세계와 인간세계를 중개하는 사제, 즉 무당이 만들고 마셔 왔다. 특히 여사제가 쌀을 씹어 술을 빚었던 원시 술의 원류에서 볼 수 있다. 그런 유래로 우리 조상들도 술을 빚는 일은 주부의 권한이며, 첫 술맛을 보는 것도, 술독에서 제사 술을 퍼낼 때는 반드시 주부가 퍼내야 한다는 것이 그런 맥락이다. 그래서 그 집의 술맛은 여주인의 솜씨와 그 집안의 분위기가 우러나는 것으로 술맛이 변해 있으면 불길한 징조로 알았다.

술의 풍류

술은 종류가 달라도 주성분은 주정(酒精)이다. 주정의 '정(精)'이 마음을 뜻하듯, 영어·불어·독어에서도 주정을 표현한 말이 모두 '정신'이란 말로 쓰이는 것은 흥미로운 일이다. 술은 물이면서 알코올의 산화 작용으로 불에 탄다. 즉 '불타는 물'이라는 상극의 성질을 갖고 있는 신비한 것이다.

술은 야누스의 얼굴처럼 양면성을 가지고 있다. 지나치게 마시면 독이 되고, 적당히 마시면 약이 된다. '한 잔에 온화한 표정, 두 잔에 공손한 말씨, 석 잔에 유유히 물러난다.'라는 잠언을 되새기는 이유다.

술은 사람의 지극한 정성을 먹고 태어나야 하는 법이다. 청결한 마음으로 깨끗하게 빚어야 누군가에게 약주가 된다. 술을 빚는 마음은 약을 달이는 마음이다. 술 빚는 물은 특별히 신경을 써서 깨끗한 물을 끓이고 식혀서 쓴다. 맑고 시원한 샘물, 청명일이나 곡우일에 흐르는 강물, 가을에 내리는 이슬을 받아 술을 빚었다. 이슬로 빚은 술도 있다. 꽃에 맺힌 이슬을 털어 술을 빚는 멋을 지닌 민족은 아마도 우리 민족 뿐일 것이다.

술 빚는 데만 멋이 있는 것이 아니고 술을 마시는 데도 멋이 있었다. 혼례 때 조롱박을 둘로 쪼개어 만든 합근박에다 술을 담아 신랑 신부가 서로 입을 댐으로써 일심동체를 맹약하고, 혼례 후 이 합근박을 다시 맞추어 신방의 천장에 걸어 둠으로써 둘 사이의 사랑의 마스코트로 삼았으니 낭만적인 멋이다.

술을 마실 때도 술 따르는 예의가 있어 주도가 엄했다. 주례에는 향음주례와 회음이 있었다.

| 향음주례 · 회음 향음주례(鄕飮酒禮)는 향촌의 선비와 유생들이 모여 함께 술을 마시는 의식으로, 주인과 손님 사이의 예절바른 주연을 통하여 예법을 일으키는 데 있었다. 회음(會飮)의 유적으로 남아 있는 경주 포석정에는 물을 돌아 흐르게 하여 술잔을 띄워 그 술잔이 자기 앞을 지날 때 마시게 하였다. 모인 사람들이 공동체 의식을 결속하는 의미가 내포되어 있었다.

| 권주가 술을 권할 때도 기생이 권주가를 부르면 술을 권했으니 얼마나 유유자작한 멋인가. 연회 때는 먼저 술잔을 돌리고 다음에 안주를 올린다. 처음 안주를 올리면 이어서 두 번째 술잔을 돌리고 다시 새로운 안주를 올린다. 이렇게 하기를 거듭해서 술잔이 일곱 번 돌았을 때 여섯 번 안주를 돌리는 것으로 끝낸다.

연회장에는 풍악이 은은히 울려 퍼지면서 화사한 멋을 풍긴다.

술의 빛깔을 표현할 때는 '술 빛이 댓잎 같다', '술 빛이 냉수 같다', '술 빛이 아름답다', '술이 아리땁고 빛이 냉수 같다'라는 식으로 표현하였다. 술 위에 뜬 밥알은 '밥알이 뜬다', '개미가 뜬다' 등으로 표현하였다. 막걸리를 동동주, 개미주라고 이름을 붙였으니 우리말의 멋을 다시 느낄 수 있다.

선조들의 음주 문화

나라마다 술맛 자랑을 높은 문화 수준으로 내세운다. 술을 담는 그릇은 예술이 되고, 술을 마시는 자세는 교양이 된다. 더불어 술을 마시는 분위기는 즐거움이 되고 벗에게 술을 보내는 관례는 외교가 된다.

음주 문화란 고상하고 품격 있는 풍류였기에 자연을 벗하고, 기생을 가까이하여도 문예와 가무에 능한 기생의 연기를 관람하여 문예와 인생을 논하며 풍류를 즐겨 왔던 것이다. 진정한 음주의 풍류란 취하더라도 남에게 무례를 저지르지 않는 예절, 즉 주도(酒道)을 지키는 데서 비롯된다. 이런 점에서 우리 선조들은 진정한 풍류를 즐길 줄 알았던 것이다.

성현의 『용재총화』「권2」를 보면 우리 선인들은 술을 마실 경우 흔히 꽃을 등장시켰다. 새로 문과에 급제한 사람은 방이 나는 대로 의정부 등 여러 관사의 선배를 뵙고 연회를 베푸는데 봄에는 교서

관(校書館)이 먼저 행하되 '홍도음(紅桃飮)'이라 하고 초여름에는 예문관이 행하되 '장미음(薔薇飮)'이라 하였으며 여름에는 성균관이 행하되 '벽송음(碧松飮)'이라고 하였다고 한다.

술과 풍류에 관해서는 '시선'으로 불린 이백(李白, 701~762)을 빼고 이야기할 수 없을 것이다.

> 청주는 성인에 비유하고 / 탁주는 현인과 같다네 / 성인과 현인이 술을 이미 마셨거늘 / 굳이 내가 신선되길 원하랴 / 석 잔이면 대도에 통하고 / 한 말이면 자연에 합치되는도다 / 이는 오직 술꾼만이 취흥을 알지니 / 아예 술도 못하는 맹숭수에겐 전하지 말지어다.
>
> — 이백, 「달 아래 혼자 술 든다」 중에서

현실에선 술을 같이 마실 사람도 없이 쓸쓸히 독작(獨酌)하고, 술을 마셔도 시름이 가시지 않을 때엔 '칼을 뽑아 물을 잘라도 물 그대로 흘러가고, 술잔 들어 근심 씻고자 하나 근심 더욱 깊어만지며'라고 읊었으나 절망 자체를 노래하지 않았다.

인생은 고해(苦海)라고 했다. 위나라의 초대 황제 조조(曹操)는 "인생의 근심 걱정 어떻게 풀 거나. 오로지 해결책은 잔 속의 술이로다."라고 했다.

두보(杜甫)는 「곡강(曲江)」에서 이렇게 노래하고 있다.

한 조각 꽃이 져도 봄빛이 깎이거늘 바람결에 나부끼는 수많은 꽃송이, 나는 수심에 쌓이네. 잠시 저 꽃이 내 눈앞을 스러져 가는 것 바라보며, 지나친 줄 알면서도 술을 입에 넣는다.

우리 선인들은 술을 마실 경우 흔히 꽃송이나 꽃가지를 이용하여 술잔의 수를 계산하면서 마셨다. 송강 정철의 시에는 술을 즐기는 풍류적 태도 뒤에 인생의 무상함과 쓸쓸함이 담겨 있어 절로 숙연해진다.

한 잔 먹세 그려 또 한 겨 먹세 그려. 꽃 꺾어 술잔 수를 세면서 무진무진(無盡無盡) 먹세 그려. 이 몸이 죽은 후에는 지게 위에 거적 덮여 졸리 매여 지고 가나, 화려한 꽃상여에 만 사람이 울고 가나, 억새와 속새, 떡갈나무 백양 숲에 가면 누런 해와 흰 달이 뜨고, 가랑비와 함박눈이 내리며 회오리바람이 불 때 그 누가 한 잔 먹자고 하겠는가.
— 송강, 「장진주사(將進酒辭)」

술에 관한 에피소드

| 월화석작음 조선조 명종 때의 정승 상진(尙震, 1493

~1564)은 달이 뜨면 손님 왔다고 술상을 차려내게 하여 달과 대작했다. '달을 술잔 속에 담아 잔 기우니 달 또한 나의 창자 속에 들어 안팎의 밝은 빛이 서로 오가니 그 아니 좋은가.'라고 읊었다.

> 뉘라서 둥근 달이 하늘에 있다 하는가 / 취하여 잔을 보니 달이 술잔 속에 있구나 / 잔 기울여 술 마시니 뱃속으로 달이 든다 / 뱃속에 달, 중천에 달, 월명청 좋을시고.
> ― 상진, 「월하설작음(月下設酌吟)」

| 국화 손님 조선 중종 때의 문신 신용개(申用漑)는 국화 화분을 여덟 개 길렀다. 가을이 되어 꽃이 만발하자 집안 사람에게 손님 여덟 분이 올 터이니 술상을 준비하라고 일렀다. 달이 떠올라 국화 꽃빛과 달빛이 흐드러져 희고 깨끗해지자 술을 내오라 하고는, 여덟 개의 국화 분을 가리키며 "이것이 내 좋은 손님들이다." 하고는 화분마다 두 잔씩 따라 주고 받으며 취하였다. 꽃과 대작하며 꽃에게서 술잔을 받을 때는 국화꽃잎을 띄워 받아 마셨으니 이 역시 핑계 없이는 술을 못 마시는 지극히 한국적인 풍류다.

| 쌍한정 풍류 박공달(朴公達)과 박수량(朴遂良)은 다 중종 때 조광조가 설치한 현량과 출신의 신진 엘리트이다. 기묘사화에 연루되어 관직에서 물러난 뒤 고향인 강릉으로 낙향하였다. 이들은 쌍한정(雙閒亭)을 세우고 학문을 교류하고 때론 술을 마시고

회포를 풀었다. 두 사람이 사는 마을 사이에 냇물이 흘렀는데 비가 와 건너지 못하면 물길을 가운데 두고 대작하였다 한다. 이쪽에서 표주박 잔을 들고 권하면 개울 건너에서 술을 받는 시늉을 한 뒤에 한 잔을 마시고 다시 이쪽에 권하는 시늉을 했다고 한다.

| 술에 물을 탄 죄 민속학자 서정범의 「사내의 씨」에 수록된 무당의 오구굿 노래에는 바리공주가 저승에서 지옥으로 가는 것을 구경하는 장면이 나온다. "만경창파 내다보니 수천 배가 이승에서 돌아온다. 저 배는 무슨 배인가." 하며 세상에서 못할 짓을 한 데 따른 벌로 지옥행을 하는 장면을 보여 준다. 그 네 번째 배는 술장수의 배로 "그 배는 이승서 술장사할 때 술에다가 물을 타서 멀겋게 판 죄로 술찌꺼기를 입에 물고 지옥으로 들어간다." 하고 노래한다. 귀하게 여긴 술에 물을 탄 죄를 응징하는 한 장면이다.

| 모주(母酒)의 기원 우리나라에서는 술을 빚을 때 쓰는 누룩은 거의 밀로 만든다. 밀가루만으로 빚은 누룩을 '분곡(분국, 粉麴)'이라 하고, 밀가루와 밀기울로 빚은 탁주용 누룩을 '조곡(조국, 粗麴)'이라 한다. 술이 다 되어 독에 용수(술이나 장을 거를 때 쓰는 기구)를 지르면 그 안에 술(청주)이 모이는데 이를 '약주'라 한다. 나머지 술에 물을 보태면서 주물러 걸러내면 '탁주(흐린 술)'가 된다. '막걸리'는 '마구 체에 걸렀다'는 뜻이지만 다른 이름도 많다. 색깔이 흐려서 '탁주', 농가에서 많이 마신다고 하여 '농주'라고 한

다. '모주(母酒)'라고도 하는데 『대동야승(大東野乘)』에 그 유래가
나온다.

인목대비의 어머니 노씨 부인이 광해군 때 제주도에 귀양가서
술 찌꺼기로 막걸리를 만들어 섬사람들에게 싸게 팔았다. 왕
비의 어머니가 만든 술이라고 하여 '대비모주'라고 하다가 나
중에 그냥 모주라 불렀다.

| 약으로 썼던 소주 소주는 고려시대 때 원나라에서 전해
진 것으로, 몽고군이 주둔했던 개성과 안동, 제주도가 명산지였다.
소주는 술을 빚어 증류하여 도수가 높다. 조선시대 문종이 승하했
을 때 단종이 상제 노릇을 하느라 몸이 약해졌는데 소주를 마시고
기운을 차렸다고 하니 당시에는 소주를 약으로 썼음을 알 수 있다.
『지봉유설』에 "소주를 약으로 쓸 뿐 함부로 먹지 않는다. 그래서
풍속에 작은 잔을 소줏잔이라고 했다."라고 기록되어 있다.

| 남주북병 서울 남산 밑에는 술을 잘 빚고, 북촌에서는
떡을 잘 만든다 하여 시속에 '남주북병(南酒北餅)'이라는 말이 퍼
졌다. 대개 북촌에는 부귀한 집이 많으니 일반적으로 음식 사치가
대단하여 갖은 '편'이라는 떡 만드는 솜씨가 발달하였다. 남산 밑
은 구차한 샌님과 시세 없는 호반(虎班)들이 사는 곳으로, 손쉽게
빚는 술 솜씨가 좋았다.

시어(時魚)

먹는 즐거움은 모든 즐거움에 이어진다. 먹는 것에 대한 감각은 삶에 대한 감각에 비례한다. 맛있는 음식을 먹고 건강할 때 삶에 대한 호기심도 많고, 의욕과 감정이 풍부해진다. '시어(時魚)' 는 '제철생선'이라는 의미로서, 춘하추동 계절에 따라 생선이 맛이 저마다 다르다.

늦봄엔 복어국 / 초여름엔 웅어회 / 복사꽃 필 적 물결이 불어 / 행호 밖으로 그물을 던지네.

- 겸재 정선(鄭歚, 1676~1759), 「행호관어(杏湖觀漁)」 중에서

시인 송수권(宋秀權, 1940~2016)은 동해의 명태와 서해 연안의 조기가 어부들의 삶에 맞물려 있다며, 둘의 유사성을 다음과 같이

노래했다.

> 굴비 한 두름은 스무 마린데 북어 한 쾌도 스무 마리다 / 큰 것
> 은 열 마리다. 남쪽은 보리가 익는데 조기철이고 / 북쪽은 눈
> 이 내리는데 명태철이다 / 칠산바다에 봄바람이 불면 너는 오
> 고 / 주문진 속초항에 눈이 오면 나는 간다 / 생태탕이 그리워
> 가고 / 너는 생조기탕이 그리워 온다 // 맛따라 오고 간다, 눈
> 따라 오고 가고 / 바람 따라 오고 간다 / 이 미친 풍토병 때문
> 에 나는 굴비 한 두름 꿰차고 올라가고 / 너는 북어 한 쾌 차고
> 내려온다 / 올라가고 내려온다 // (이하 생략)
> ― 송수권, 「황태나 굴비 사려」 중에서

'좌광우도'라는 말이 있다. 등을 위로 가게 해 놓고 보았을 때 눈
이 오른쪽에 있는 것은 도다리, 왼쪽에 있는 것은 넙치라는 것이다.
향토색 짙은 서정시를 많이 남긴 시인 백석은 가자미의 눈이 오른
쪽에 붙고, 넙치의 눈이 왼쪽에 붙은 이유를 재미있게 풀어 내고
있다.

> 옛날도 옛날 바다나라에 / 사납고 심술궂은 임금 하나 살았네
> / 하루는 이 임금 가재미를 불렀네 / 가재미를 불러서 이런 말
> 했네 / 가재미야 가재미야, 하루 동안에 / 은어 삼백 마리 잡
> 아 바쳐라 / 이 말 들은 가재미 어이 없었네 / 은어 삼백 마리

어떻게 잡나! / 하루 낮, 하루 밤이 다 지나가자 / 임금은 가재미를 다시 불렀네 / 은어 삼백 마리 어찌 되었나? / 이 말에 가재미 능청맞게 말했네 / 은어들을 잡으러 달려갔더니 / 그것들 미리 알고 다 달아났습니다 / 이 말 듣자 임금은 독 같이 성이 나 / 가재미의 왼뺨을 후려 갈겼네 / 임금의 주먹바람 어떻게나 셌던지 / 가재미의 왼눈 날아 바른쪽에 가 붙었네 / 가재미는 얼빠진 듯 물 밑 깊이 달아나 / 모래 파고 들어 박혀 숨어버렸네 // (중략) 다음날 임금은 넙치를 불렀네 / 넙치야, 넙치야 하루 동안에 장치 삼백 마리 잡아 바쳐라 / (중략) 임금의 주먹바람 어떻게나 셌던지 / 넙치의 바른 눈 날아 왼쪽에 가 붙었네.

— 백석, 「가재미와 넙치」 중에서

| 조기떼의 세레나데 조기떼는 제주도 남서쪽에서 겨울을 나고 2월이면 서해안을 따라 북상한다. 신혼여행을 떠난 이들은 3월경 칠산바다에 이르러 산란을 시작, 5~6월엔 연평도와 대화도 근해에서 종족 번식의 대장정을 마친다.

조기잡이를 나서려면 우선 고기떼가 몰려들어야 한다. 조기 같은 민어과 물고기들은 특이한 울음소리를 내는 것으로 알려져 있다. 정약용은 『경세유표(經世遺表)』에서, 고기떼의 울음소리에 대해 "연평 바다에서 석수어 우는 소리가 우레처럼 은은하게 서울까지 들려오면 만 사람이 입맛을 다신다."라고 표현했다.

어부들은 구멍이 뚫린 대통을 바닷물에 넣어 조기떼의 울음소리를 듣고 고기잡이를 나갔다고 했다. 무리를 찾는 울음은 숲속을 지나는 바람소리나 비 오는 여름날 개구리떼가 합창하는 소리와 비슷한데, 배 위에까지 크게 울려 퍼져 선원들의 잠을 설칠 정도라고 한다. 부레를 신축시켜 '구- 구-' 하는 높고 큰 소리를 내는데, 산란장을 들고나는 무리끼리의 신호음이라고 학자들은 설명하고 있다.

－ 정문기, 『어류박물지(魚類博物誌)』중에서

시어(時魚)의 특징과 관련 속담

〈1월〉도미

 도미를 대표하는 참돔은 '바다의 여왕'으로 불린다. 수명이 길어 부모님의 무병장수를 비는 회갑연에 자주 올리는 생선이다.

－ 정월이 아니면 맛이 떨어진다.
－ 5월 도미는 소가죽을 씹는 것만 못하다.
－ 오뉴월 도미는 개도 안 먹는다.
－ 승기악탕(勝妓樂湯) : 이 맛이 술과 기녀보다 몇 배 낫구나.

〈2월〉가자미

껍질에 콜라겐이 많아 피부 미용에 좋다. 『동의보감』에 "가자미는 기력을 더한다."고 나와 있다.

－ 외눈박이 물고기(比目魚) : 가자미는 2개의 눈이 머리의 한쪽에 몰려 있다.

－ 가자미 놀던 뻘맛이 도미 맛보다 좋다.

－ 한 쌍이 아니면 나아가지 못한다.

－ 눈 흘기면 가재미 눈깔 된다.

〈3월〉조기

살이 부드럽고 담백하며 영양성분이 풍부하고, 제사상에 올리는 고급 생선이다.

－ 2월 천둥은 조기를 몰아온다.

－ 봄 조기(곡우 무렵 어김없이 법성포 앞바다에 나타난다.)

－ 3월 거문도 조기는 7월 칠산 장어와 안 바꾼다.

－ 조기잡이 제철 : 법성포 건너편 구수산에 철쭉꽃이 질 때, 위도에서 살구꽃 필 때.

－ 굴비(屈非) : 불의나 비리, 부정에 굴하지 말라.

－ 조구만도 못한 놈(약속 못 지키는 사람.)

－ 보리굴비 : 앙상함이 안으로 응축시킨 끈질긴 맛을 뜯어 내는 별미.

※ 오사리 조기 : 곡우에 잡은 조기. 곡우살 조기.

※ 오가재비 : 오사리 조기를 다섯 마리씩 묶은 것으로 알이 통통. 최
  상품으로 임금께 진상.

※ 영광 칠산바다 조기는 소금으로 섭간하는 것이 특징.

〈4월〉 삼치

'생선회의 왕'. 비린내가 나지 않아 횟감
으로 이용한다. EPA·DHA 등 불포화산
이 풍부하여 항암 효과가 있고, 학습 능력 향상에 도움이 된다.

− 4월 삼치 한 배만 건지면 평양감사도 조카 같다.

− 고흥 나르도 삼치(동네 개도 지폐 물고 다니던 시절이 있었다).

− 조선사람 먹기 아깝다.

− 바다의 폭주자(삼치는 시속 100㎞까지 헤엄친다).

〈5월〉 농어

주나라 무왕이 천하를 통일하기 직전 튀
어오르는 모습으로 '승리의 전조'를 나타
낸 뒤로 행운을 주는 물고기로 알려져 있다.

− 5월엔 농어, 6월엔 숭어가 제맛.

− 여름 농어(여름 생선 중 으뜸).

− 보리 타작 농촌 총각, 농어 잡은 섬처녀만 못하다.

- 물고기의 8등신.
- 바다의 웅담(간과 신장약으로 이용).
- 엄지손톱만 한 쓸개를 말려 지시락 밑에 매달아 두는 상비약. 복통
  에는 단방약.
※ 농어 새끼는 '까지매기' 또는 '까슬매기'라 부름.

〈6월〉 민어

'국민 물고기' 민어(民魚). 제사상에 반드
시 올리며, 우리 민족의 삶과 함께했다.

- 복더위에 민어찜은 일품, 도미찜은 이품, 보신탕은 삼품. 복날 민어
  국 복달임으로 최고.
- 민어회는 배찐더기(뱃살)도 기름소금에 찍어 먹어야 제맛.
- 이 풀 저 풀 다 둘러도 민애풀 따로 없네.
- 옻칠 간 데 민어 부레 간다(교착력 강한 풀로 요긴히 쓰임).
※ 크기에 따른 이름 : (작은 것부터) 보굴치 → 가리 → 어스래기 →
  상민어 → 민어

〈7월〉 장어

양질의 단백질과 지방을 갖추어, 체력 소모가 많은
한여름에 기력을 돋워 주는 음식 중 으뜸이다.

– 숙주에 고사리 넣은 장어국 먹고 나면 다른 것은 맹물에 조약돌 삶
  은 국 맛이 난다.

– 하모도 한철(여름철에 잡힌 장어 특히 맛있다).

– 여름 더위로 지친 몸에는 장어가 좋다(萬葉集, 일본 고전).

– 풍천(風川)은 지명이 아니라 '바람이 불어오는 강 하구'라는 뜻.

〈8월〉 꽃게

음식을 단숨에 먹어 치우는 모습을 '마파람에 게
눈 감추듯 한다.'라고 하듯이, 게는 위험을 감지
하면 물속으로 숨는 동작이 재빠르고 민첩하다.

– 봄철에는 암게장 담그기(게딱지 속에 알과 내장 가득).

– 가을에는 수게를 쪄서 먹는다(살이 통통).

– 8월 그믐게는 꿀맛이지만 보름 만월에는 눈물 흘리며 먹는다.

– 서호판관(西湖判官).

※ 알을 품은 : 산란이 끝난 게로, 실제 알이 아니라 애기보 같은 것.

〈9월〉 전어

가을 전어는 지방이 봄철에 비해 3배 이상 늘
어나 고소하고 맛이 좋으며, 뼈째 먹을 수 있
는 칼슘 공급원이다. 전어 창자 '밤젓'은 겨울철 김장 젓갈로 인기.

– 가을 전어는 머리에 깨가 서 말.

– 전어(錢魚) : 맛이 좋아 돈 생각하지 않고 먹는 고기.

– 전어 한 마리 햅쌀밥 열 그릇 죽인다.

– 전어 굽는 냄새에 집 나간 며느리 돌아온다.

– 전어는 콩대숯불에 굵은 소금으로 구워야 제맛.

〈10월〉 갈치

입맛을 돋우는 감칠맛 성분이 많으며, 필
수아미노산 중에서도 라이신이 풍부하여
성장기 어린이 발육에 좋다. 한방에서는 오장육부를 튼튼하게 한
다고 본다. 국내산은 은백색 광택이 있고, 수입산은 검은 은색을 띠
며 광택이 없다.

– 10월 갈치는 돼지 삼겹살보다 낫고, 은빛 비늘은 황소 값보다 높다.

– 갈치항가꾸국(갈치엉겅퀴국)은 뱃속 다스리는 데 최고.

– 위도 큰애기 갈치 꼴랑지 못 잊어 섬 못 떠난다.

– 신랑보다 좋은 갈치 뱃살.

– 갈치는 해지기(해질 무렵), 날지기(날샐 무렵), 달밤에 잘 잡힌다.

– 멸치 잡을 때 불 켜 놓고 있으면 갈치 서 있는 게 보인다.

– 아무리 잘나도 잔칫상과 제사상에는 못 오른다.

– 갈치가 갈치 꼬리 문다(친한 사이에 서로 모함한다는 뜻).

– 갈치 배(음식을 마음껏 먹어도 부르지 않은 배).

〈11월〉숭어

 계절마다 맛이 다른데, 겨울에서 봄 사이에 특히 맛이 달아 '겨울 생선의 진미'로 불린다. 『향약집성방(鄕藥集成方)』에는 "숭어는 진흙을 먹어서 백약(百藥)을 기(忌)하지 않는다."라고 기록되어 있다.

− 가장 먼저 제사상에 오르는 물고기.

− 감화보금도 일미 : 숭어살을 양념한 채소로 말아서 쪄 먹는 요리.

− 무안 도리포 숭어는 9월부터 이듬해 4월 말까지가 가장 맛있다.

− 숭어는 계절마다 맛이 다르다. 봄·겨울 숭어는 달고, 여름 숭어는 밍밍하고, 가을 숭어는 기름이 올라 고소하다.

− 겨울 숭어 앉았다 나간 자리 뻘만 훔쳐 먹어도 달다.

− 여름 숭어는 개도 안 먹는다.

− 숭어껍질에 밥 싸 먹다가 논 판다.

− 삼월엔 숭어 눈이 어둡다(눈에 기름기 끼어 눈꺼풀까지 덮어 장님 되어 얕은 곳으로 떼 지어 몰려든다).

− 태산보다 높은 보릿고개에도 숭어 비늘국 한 사발 마시면 장보고 더러 이놈 한다.

− 숭어회는 참기름 냄새가 살짝 밴 묵은김치로 싸 먹어야 제맛.

− 숭어가 뛰니 망둥어도 뛴다.

※ 크기에 따른 숭어 이름 : (작은 것부터) 모치 → 홀터빼기 → 참동어 → 덴가리 → 중바리 → 무거리→ 눈부럽떼기 → 숭어

참고 문헌

강인희, 한국의 맛, 대한교과서, 1988

고제희, 누가 문화재를 벙어리 기생이라 했는가, 다른세상, 1999

곽순애, 피곤을 없애고 기운을 더하는 건강약차, 웅진지식하우스, 2006

김상보, 조선시대의 음식문화, 가람기획, 2006

김성재, 한국의 소리 커뮤니케이션, 커뮤니케이션북스, 2013

김용태, 옛 살림 옛 문화 이야기, 대경출판사, 1997

김정숙, 내 몸을 살리는 자연의 맛 산나물 들나물, 아카데미북, 2017

김정숙, 말려서 더 좋은 과일 채소 산나물, 아카데미북, 2013

김정숙, 산나물 김치, 아카데미북, 2017

김정숙, 식탁 위의 보약 건강음식 200가지, 아카데미북, 2008

김정숙, 한국의 발효저장식품 장아찌, 나누리, 2010

김진섭, 이야기 우리 문화, 지성사, 2016

김현준, 예불-그 속에 깃든 의미, 효림, 1999

문영근 역, 나가야마 히사오, 100세까지 사는 건강장수 식법, 남희출판사,
    1993

민요학회, 민요논집 제9호, 민속원, 2006

박종수, 우리말 글, 우리말글학회, 2000,vol,20

박태균, 음식과 건강, 공무원연금관리공단, 2005

박혜숙, 한국민요시 연구, 형설출판사, 1992

백두현, 음식디미방 주해, 글누림, 2006

송효정, 먹으면 치료되는 한방 약죽, 국일미디어, 2000

신동원, 조선사람의 생로병사, 한겨레신문사, 1999

신명호, 궁중문화, 돌베개, 2002

신준식, 먹으면 치료되는 약차약술, 국일미디어, 1997

심경호, 한시의 세계, 문학동네, 2007

안철환, 24절기와 농부의 달력, 소나무, 2011

옥문석, 우리음식문화, 한수협출판사, 2003

우석훈, 음식국부론, 생각의나무, 2005

윤서석, 우리나라 식생활문화의 역사, 신광출판사, 1999

윤서석, 한국음식, 수학사, 1992

윤숙자 역, 유중림, 증보산림경제, 지구문화사, 2007

윤숙자, 한국의 시절음식, 지구문화사, 2000

이규태, 쌀밥의 한국학, 기린원, 1993

이규태, 한국인의 생활구조, 기린원, 1991

이규태, 한국인의 의식구조 4, 신원문화사, 2003

이규태, 한국학 에세이 1, 신원문화사, 1995

이덕환 역, 마귈론 투생 사마, 먹거리의 역사(상), 까치글방, 2002

이덕환 역, 마귈론 투생 사마, 먹거리의 역사(하), 까치글방, 2002

이민수 역, 규합총서, 기린원, 1998

이성우, 한국식생활의 역사, 수학사, 1993

이성우, 한국요리문화사, 교문사, 1985

이어령, 우리문화박물지, 디자인하우스, 2007

이이화, 놀이와 풍속의 사회사, 한길사, 2001

이재만, 한국의 색, 일진사, 2005

이정수 · 박원출 · 조원영, 테마가 있는 한국문화, 선인, 1999

이태호, 풍속화, 대원사, 2000

이형설, 먹어서 약이 되는 산나물 50가지, 아카데미북, 2017

이효지, 한국의 음식문화, 신광출판사, 2001

임동권, 한국민요집 Ⅰ, 집문당, 1993

임동권, 한국민요집 Ⅱ, 집문당, 1993

임웅규, 59가지 야생초 보고서, 오성출판사, 2004

임재해, 한국문화인류학, 한국문화인류학학회, 1989,vol,21

장준근, 암을 이기는 산나물 100선, 넥서스, 1996

장징(박해순 옮김), 공자의 식탁, 뿌리와이파리, 2002

정대성, 우리 음식문화의 지혜, 역사비평사, 2001

정병욱, 한국의 판소리, 집문당, 1993

정연식, 조선시대 이야기, 청년사, 2001

정혜경, 천년 한식 견문록, 생각나무, 2009

조면희, 우리 옛글 백가지, 현암사, 2005

주강현, 우리 문화의 수수께끼, 한겨레출판, 2013

주강현, 주강현의 우리문화기행, 해냄출판사, 1997

주영하, 근대 한식의 풍경, 한식재단, 2014

주영하, 식탁 위의 한국사, 휴머니스트, 2013

주영하, 조선 백성의 밥상, 한식재단, 2014

주영하, 조선 왕실의 식탁, 한식재단, 2014

최난경, 동편제와 서편제 연구, 집문당, 2007

최순우, 나는 내 것이 아름답다, 학고재, 2002

최신오, 음식에 숨은 알짜 상식, 창해, 2003

최준식, 한국인에게 밥은 무엇인가, 휴머니스트, 2004

한국의맛연구회, 제사와 차례, 동아일보사, 2007

한복려, 떡, 궁중음식연구원, 1999

한복려·정길자·한복진, 조선왕조 궁중음식, 궁중음식연구원, 2003

한복려·정길자·한복진, 한과, 궁중음식연구원, 2000

한복진, 우리 음식 백 가지, 현암사, 1999

한복진, 조선시대 궁중의 식생활 문화, 서울대학교출판부, 2013

홍석화, 토종문화와 모듬살이, 학민사, 1997